国家智库报告（2023）
National Think Tank (2023)

长江经济带城市协同发展能力指数（2022）研究报告

REPORT ON INDEX OF URBAN COORDINATED DEVELOPMENT CAPABILITY
IN THE YANGTZE RIVER ECONOMIC BELT (2022)

曾 刚 等 / 著

中国财经出版传媒集团
经济科学出版社
Economic Science Press

图书在版编目（CIP）数据

长江经济带城市协同发展能力指数（2022）研究报告/
曾刚等著 . －－北京：经济科学出版社，2023.5
　ISBN 978 － 7 － 5218 － 4805 － 2

　Ⅰ.①长⋯　Ⅱ.①曾⋯　Ⅲ.①长江经济带 – 城市经济
– 经济发展 – 研究报告 – 2022　Ⅳ.①F299.275

　中国国家版本馆 CIP 数据核字（2023）第 098311 号

责任编辑：刘　莎
责任校对：李　建
责任印制：邱　天

长江经济带城市协同发展能力指数（2022）研究报告
曾　刚　等/著
经济科学出版社出版、发行　新华书店经销
社址：北京市海淀区阜成路甲 28 号　邮编：100142
总编部电话：010 － 88191217　发行部电话：010 － 88191522
网址：www. esp. com. cn
电子邮箱：esp@ esp. com. cn
天猫网店：经济科学出版社旗舰店
网址：http: //jjkxcbs. tmall. com
固安华明印业有限公司印装
787 × 1092　16 开　7.5 印张　100000 字
2023 年 5 月第 1 版　2023 年 5·月第 1 次印刷
ISBN 978 － 7 － 5218 － 4805 － 2　定价：35.00 元
（图书出现印装问题，本社负责调换。电话：010 － 88191545）
（版权所有　侵权必究　打击盗版　举报热线：010 － 88191661
QQ：2242791300　营销中心电话：010 － 88191537
电子邮箱：dbts@ esp. com. cn）

长江经济带城市协同发展能力指数（2022）研制团队

曾　刚　教育部人文社科重点研究基地·中国现代城市研究中心主任，上海高校智库·上海城市发展协同创新中心主任，华东师范大学城市发展研究院院长、终身教授

滕堂伟　华东师范大学城市与区域科学学院副院长、教授

胡　德　华东师范大学中国现代城市研究中心特约研究员

曹贤忠　上海高校智库·上海城市发展协同创新中心副主任，华东师范大学城市发展研究院教授

石庆玲　华东师范大学城市发展研究院副教授、长江协同指数研制组秘书

朱贻文　华东师范大学城市发展研究院副教授

易臻真　华东师范大学城市发展研究院副教授

朱妮娜　华东师范大学城市发展研究院博士后

胡森林　华东师范大学城市发展研究院博士后

吴林芳　华东师范大学城市发展研究院办公室主任

郭　艺　华东师范大学城市与区域科学学院博士生

程丹亚　华东师范大学城市与区域科学学院博士生

陈鹏鑫　华东师范大学城市与区域科学学院博士生

万媛媛　华东师范大学城市与区域科学学院博士生

王嘉炜　　华东师范大学城市与区域科学学院博士生

王胜鹏　　华东师范大学城市与区域科学学院博士生

吴启余　　华东师范大学城市与区域科学学院硕士生

林思彤　　华东师范大学城市与区域科学学院硕士生

吕　磊　　华东师范大学城市与区域科学学院硕士生

张旭敏　　华东师范大学城市与区域科学学院硕士生

王以欣　　华东师范大学城市与区域科学学院硕士生

马　聪　　华东师范大学城市与区域科学学院硕士生

谭亘奇　　华东师范大学城市与区域科学学院硕士生

前　　言

　　长江经济带覆盖沿江 11 省市，人口规模和经济总量占据全国半壁江山，战略地位十分重要，发展潜力十分巨大。站在历史和全局的高度，从中华民族长远利益出发，习近平总书记亲自谋划、亲自部署、亲自推动了长江经济带发展国家战略。他先后在长江上游重庆、中游武汉、下游南京亲自主持了长江经济带发展座谈会，从"推动"到"深入推动"再到"全面推动"，为长江经济带发展把脉定向。

　　习近平总书记在党的二十大报告中进一步强调，要促进区域协调发展，深入实施长江经济带发展等区域协调发展战略、区域重大战略，构建优势互补、高质量发展的区域经济格局和国土空间体系。长江经济带作为具有世界影响力的内河经济带、我国东中西互动合作的协调发展带、沿海沿江沿边全面推进的对内对外开放带和生态文明建设的先行示范带，已成为推动中国经济高质量发展的重要引擎。

　　长江经济带城市协同发展是新时期推动中国经济高质量发展的关键，也是构建"双循环"新发展格局的重要支撑，更是建设全国统一大市场的重要抓手。为此，华东师范大学研究团队自 2015 年起连续 8 年编制并发布了长江经济带城市协同发展能力指数。在本书的撰写过程中，研究团队根据系统论、控制论、协同论等科学理论，构建了包括经济发展、科技创新、交流服务、生态支撑四大领域、综合GDP水平等18个具体指标的长江经济带城市协同发展能力指数评价指标体系，并借助指数计算、空间自相关分析、指数趋势分析方法以及近三年地级城市大数据，对标全球城市最高标准、最好水平设定目标值与阈值，对长江经济带地级及以上110座城市协同发展能力进行了系统评估。

为深入贯彻党的二十大报告精神，系统测算绿色发展成效，本报告首次将"生态文明建设示范区数量"纳入生态支撑领域指标之中，以进一步审视长江经济带110座城市在落实生态文明建设重大决策部署方面的成效，分析各市将生态文明建设融入经济建设、政治建设、文化建设、社会建设各方面、全过程的综合表现。总体上看，2022年长江经济带城市协同发展能力呈现如下三大特点：第一，城市协同发展能力稳步上升。2022年城市综合协同能力得分平均值为12.91分，比2021年增加了0.36分，2022年综合协同能力10分以上城市由2021年的51座增至62座，占到110座城市总数的56.36%，相比于2021年增长10个百分点。第二，城市生态短板仍然突出，生态优先、绿色发展的协同动能仍未形成。从四大领域排名前10城市平均得分来看，经济51.15分，科创32.34分，交服54.93分，而生态仅为17.39分，长江经济带城市系统耦合中的摩擦阻滞效应明显，生态环境综合治理与保护任重道远。第三，城市子群协同发展能力高度分化。长江下游地区是协同发展能力高值集聚区，中、上游地区则相反，推动长江经济带上中下游城市协同发展仍是需要解决的重大课题。为了实现长江经济带高质量发展的既定目标，针对区域发展的现实瓶颈与短板问题，建议尽快开展四大行动：一是发挥龙头企业的引领支撑作用，协同保障产业链供应链安全高效；二是发挥各级政府的主导作用，协同促进生态安全与绿色发展；三是发挥新型举国体制优势，切实提升流域创新体系整体效能；四是促进经济带内外部联系，协同开创双循环新格局。

在本报告编制过程中，国家发展和改革委员会基础产业司（推进长江经济带发展领导小组办公室）、教育部社科司、上海市人民政府发展研究中心给予了大力支持；教育部人文社科重点研究基地中国现代城市研究中心（中国智库 CTTI）、上海高校智库·上海城市发展协同创新中心、上海市人民政府决策咨询研究基地曾刚工作室（中国智库 CTTI）、上海市社会科学创新基地长三角区域一体化研究中心、长江流域发展研究院、华东师范大学城市发展研究院等单位骨干人员组成的研究团队付出了辛勤劳动；中国科学院院士，国际地理联合会（IGU）副主席/中国地理学会监事长/英国爱丁堡皇家学会外籍院士傅伯杰院士、国务院发展研究中心副所长常纪文研究员、中国科学院水利部成都山地灾害与环境研究所原所长/国际欧亚科学院院士邓伟研究员、中国地质大学（武汉）党委副书记成金华教授、中国科学院南京地理与湖泊研究所区域发展与规划研究中心主任/江苏重点高端智库·苏科创新战略研究院理事长陈雯研究员、上海纽约大学原校长俞立中教授、上海市政府研究室二级巡视员徐庆生、上海市原副市长/华东师范大学城市发展研究院理事长胡延照、华东师范大学校长/中国工程院院士钱旭红院士、华东师范大学城市发展研究院副理事长罗国振教授、华东师范大学校长助理吴瑞君教授、华东师范大学人文与社会科学研究院院长朱军文教授等领导、专家学者给予了多方关怀和重要指导，特此表示衷心的感谢！

需要特别指出的是，区域一体化、城市协同发展是各界关注的热点议题，长江经济带城市协同发展能力的量化评价是一项具有挑战性的工作。尽管研究团队在科学理论、指标体系构建、指标目标值/阈值设定、计算方法、分析归纳等方面做出了不懈努力，但受多方面条件限制，疏漏谬误之处在所难免，恳请各位读者批评指正！

华东师范大学终身教授　曾刚
2022 年 12 月于上海华东师范大学丽娃河畔

目　　录

第一章　长江经济带城市协同发展的背景

习近平总书记指出，推动长江经济带发展是党中央作出的重大决策，是关系国家发展全局的重大战略，对实现"两个一百年"奋斗目标、实现中华民族伟大复兴的中国梦具有重要意义。六年来，习近平总书记分别在上游重庆、中游武汉、下游南京召开专题座谈会，为长江经济带发展谋篇布局、把脉定向。党的二十大报告进一步强调，要促进区域协调发展，深入实施长江经济带发展等区域协调发展战略、区域重大战略，构建优势互补、高质量发展的区域经济布局和国土空间体系。长江经济带作为具有全球影响力的内河经济带、东中西互动合作的协调发展带、沿海沿江沿边全面推进的对内对外开放带和生态文明建设的先行示范带，已成为推动中国经济高质量发展的重要引擎。国家统计局数据显示，2021 年，长江经济带沿江 11 省市经济总量占全国 46.6%，对全国经济增长的贡献率达 50.5%。区域生态环境持续改善，2021 年，长江经济带水体达到或优于 Ⅲ 类断面比例为 92.8%，较 2015 年的 73.5% 上升了 19.3 个百分点。区域科技创新动能强劲，2020 年，长江经济带专利授权量达 164.7 万件，占全国 46.8%。长江经济带已成为我国的经济社会发展、生态文明建设、科技创新驱动的重心所在、活力所在。

长江经济带城市协同发展是新时期推动中国经济高质量发展的关键，也是构建"双循环"新发展格局的重要支撑，更是建设全国统一大市场的重要抓手。

第一节 协同发展是新时期我国高质量发展的核心关键

协同发展是中国历史发展的必然，也是应对当今世界格局剧变的最优选择。一方面，中国经济已由高速增长阶段转向高质量发展阶段，社会主要矛盾已经转化为人民日益增长的美好生活需要和不平衡不充分的发展之间的矛盾，传统上"以邻为壑"的相互竞争关系已不能满足高质量发展的要求。另一方面，经济全球化遭遇逆流，保护主义、单边主义上升，全球产业链供应链受非经济因素冲击，全球经济衰退风险延续。同时，中美关系紧张，欧盟脱钩趋势显现，国际贸易依存度呈现下降态势。中国高质量发展面临着来自国际经济、科技、文化、安全、政治格局深刻调整所产生的多重挑战和考验，未来重点从外部合作向内部合作转变，区域协同发展尤为重要。

党的二十大报告明确要求，针对我国存在的发展不平衡、不充分问题，深入实施区域协调发展战略，优化重大生产力布局，构建优势互补、高质量发展的区域经济布局和国土空间体系，以中国式现代化全面推进中华民族伟大复兴。同时，党的二十大报告还重点强调要着力提升产业链供应链韧性和安全水平。巩固优势产业领先地位，在关系安全发展的领域加快补齐短板，提升战略性资源供应保障能力。总之，需要以经济安全为基础，贯彻总体国家安全观，以新安全格局保障新发展格局，实现中国经济安全、韧性、高质量发展。

在区域协同发展战略方面，中国先后实行京津冀协同发展、长江经济带、粤港澳大湾区、长三角一体化、黄河流域生态保护和高质量发展战略。长江经济带在中国经济高质量发展、区域协调发展中扮演了重要的角色。新发展阶段，长江经济带被赋予了"五新三主"的新战略使命，即谱写生态优先绿色发展新篇章、打造区域协调发展新样板、构筑高水平对外开放新高地、塑造创新驱动发展新优势、绘就山水人城和谐相融新画卷，成为我国生态优先绿色发展主战场，畅通国内国际双循环主动脉，引领经济高质量发展主力军。[①] 2021 年 11 月 5 日，推动长江经济带领导小组办公室组织编制的《"十四五"长江经济带发展实施方案》提出，"十四五"期间，将强化生态环境系统保护修复、推动经济绿色低碳发展。协同发展成为未来长江经济带实现高质量发展的关键词。

作为国家区域重大战略之一，长江经济带发展得到习近平总书记的高度重视。2016 年以来，习近平总书记主持召开三次座谈会，为长江经济带发展谋篇布局、把脉定向。2016 年 1 月 5 日，习近平总书记在重庆主持召开的推动长江经济带发展座谈会上强调"共抓大保护、不搞大开发，努力把长江经济带建设成为生态更优美、交通更顺畅、经济更协调、市场更统一、机制更科学的黄金经济带"。2018 年 4 月 26 日，习近平总书记在武汉主持召开第二次长江经济带发展座谈会，强调要"坚持新发展理念""加强改革创新、战略统筹、规划引导，使长江经济带成为引领我国经济高质量发展的生

---

① 贯彻落实党的十九届五中全会精神　推动长江经济带高质量发展．光明日报，2020 – 11 – 16.

力军"。① 2020 年 11 月 14 日，习近平总书记在南京主持召开全面推动长江经济带发展座谈会时强调，"坚定不移贯彻新发展理念，推动长江经济带高质量发展""使长江经济带成为我国生态优先绿色发展主战场、畅通国内国际双循环主动脉、引领经济高质量发展主力军"。

习近平总书记关于推动长江经济带发展的一系列部署和要求，始终凸显着"高质量发展"这一根本要求。国家领导人讲话和系列政策文件表明，协同发展是中国过去经济高速发展的"法宝"，也是未来实现高质量发展、全面建设社会主义现代化国家的不二选择。在经济发展方面，根据历年《中国城市统计年鉴》相关数据计算发现，长江经济带 11 省市经济总量占全国的比重从 2015 年的45.1% 提高到 2021 年的 46.6%，对全国经济增长的贡献率从 2015年的 47.7% 提高到 2021 年的 50.5%。在生态环境方面，长江流域生态文明建设取得显著成果。如 2020 年 1 月 1 日 0 时起，《长江十年禁渔计划》正式实行；2021 年 3 月 1 日，我国首部流域法《长江保护法》正式施行。根据历年《中国城市统计年鉴》相关数据计算发现，2021 年，长江经济带水体达到或优于 Ⅲ 类断面比例为92.8%，较 2015 年的 73.5% 上升了 19.3 个百分点。2020 年，沿江 11 省市森林面积 9 047.53 万公顷，森林覆盖率达 44.08%，比2013 年增长了 2.83 个百分点；在科技创新方面，根据历年《中国城市统计年鉴》相关数据计算发现，2020 年长江经济带规模以上工业企业 R&D 经费投入 7 724.2 亿元，占全国的 50.6%，分别比2015 年提高 68.1% 和 4.7 个百分点；长江经济带专利授权量达164.7 万件，比 2015 年增长 98.1%，占全国 46.8%；在基础设施

---

① 习近平. 在深入推动长江经济带发展座谈会上的讲话. 光明日报, 2018 - 6 - 14.

方面，长江经济带基础设施建设速度明显加快。如 2021 年 10 月，推动长江经济带发展领导小组办公室印发的《"十四五"长江经济带综合交通运输体系规划》指出，交通网络通达能力将持续优化，沿江大通道建设稳步推进，城市群交通一体化水平不断提升，"轨道上的长三角"日渐成型。

第二节　协同发展是构建我国新发展格局的重要支撑

2020 年 5 月 14 日，中共中央政治局常委会会议首次提出"深化供给侧结构性改革，充分发挥我国超大规模市场优势和内需潜力，构建国内国际'双循环'相互促进的新发展格局"，"双循环"新发展格局成为党中央应对外部经济环境变化保持我国经济发展的新战略。2020 年 8 月 24 日，习近平总书记在经济社会领域专家座谈会上第一次将"加快形成以国内大循环为主体、国内国际双循环相互促进的新发展格局理论"列入改革开放以来"不仅有力指导了我国经济发展实践，而且开拓了马克思主义政治经济学新境界"的系列理论之一。2022 年 4 月 21 日，习近平总书记在博鳌亚洲论坛 2022 年年会开幕式上的主旨演讲表示："中国将全面贯彻新发展理念，加快构建新发展格局，着力推动高质量发展。"

构建"以国内大循环为主体、国内国际双循环相互促进"的新发展格局，是积极应对国内外形势变化的主动选择，是充分发挥我国超大规模市场优势的内在要求，是坚持深化改革开放的国内国际"双循环"相互促进的统一体。构建新发展格局的关键在于经济循环的畅通无阻，最本质的特征是实现高水平的自立自强。立足国内大循环、畅通国内国际"双循环"是党中央积极应对世界百年未有之大变局和当前国内外经济形势变化的战略之举，对于推动我国经济行稳致远、实现经济高质量发展具有重大意义。

作为"畅通国内国际双循环的主动脉"，长江经济带担负着畅通国内大循环和构筑高水平对外开放新高地两大任务。其中，作为主体的国内大循环是构筑新发展格局的重点和关键。2020 年 11 月 14 日，习近平总书记在南京主持召开全面推动长江经济带发展座谈会时强调，"要推进畅通国内大循环。要坚持全国一盘棋思想，在全国发展大局中明确自我发展定位，探索有利于推进畅通国内大循环的有效途径。要把需求牵引和供给创造有机结合起来，推进上中下游协同联动发展，强化生态环境、基础设施、公共服务共建共享，引导下游地区资金、技术、劳动密集型产业向中上游地区有序转移，留住产业链关键环节"。

长江经济带各城市也纷纷积极出台相应举措并展开实践。如上海市"十四五"规划纲要提出，要全面服务和融入新发展格局，紧紧围绕建设"五大中心"，强化"四大功能"，聚焦打造国内大循环的中心节点和国内国际"双循环"的战略链接。《长江中游城市群发展"十四五"实施方案》提出，发挥市场优势和空间枢纽作用，深化要素市场化配置改革，推进高标准市场体系建设，推动与长三角、粤港澳大湾区、成渝地区双城经济圈等互动协作，提升服务国内国际"双循环"水平。《成渝城市群规划》强调，要以强化重庆、成都辐射带动作用为基础，以创新驱动、保护生态环境和夯实产业基础为支撑，建设引领西部开发开放的城市群，形成大、中、小城市和小城镇协同发展格局。

第三节　协同发展是建设我国统一大市场的重要抓手

2021 年 12 月 17 日，习近平总书记主持召开中央全面深化改革委员会第二十三次会议时强调，构建新发展格局，迫切需要加快建设高效规范、公平竞争、充分开放的全国统一大市场，建立全国统一的市场制度规则，促进商品要素资源在更大范围内畅通流动。2021 年 12 月，中央全面深化改革委员会第二十三次会议审议通过了《关于加快建设全国统一大市场的意见》。2022 年 4 月 10 日，中共中央、国务院发布了《关于加快建设全国统一大市场的意见》，明确指出要加快建立全国统一的市场制度规则，打破地方保护和市场分割，打通制约经济循环的关键堵点，促进商品要素资源在更大范围内畅通流动，加快建设高效规范、公平竞争、充分开放的全国统一大市场，全面推动我国市场由大到强转变，为建设高标准市场体系、构建高水平社会主义市场经济体制提供坚强支撑。

建设全国统一大市场旨在破解市场分割和地方保护，完善要素和资源市场建设，构建健全的商品和服务市场质量体系。统一市场监管规则、标准和程序，充分发挥超大规模市场对技术创新、产业升级的作用。具体目标包括：一是持续推动国内市场高效畅通和规模拓展；二是加快营造稳定公平透明可预期的营商环境；三是进一步降低市场交易成本；四是促进科技创新和产业升级；五是培育参与国际竞争合作新优势。我国建设全国统一大市场，是市场经济迈向成熟阶段的必然结果，是社会主义市场经济体制不断发展和完善的体现，建设统一大市场将为国内市场发展、区域协调发展、技术创新、营商环境、市场资源配置等带来重大机遇。

长江经济带是我国的经济重心所在、活力所在。长江经济带理应承担起先试先行的重要使命与任务，率先探索示范全国统一市场的形成机制，成为促进形成国内强大市场的重要推动力量，成为建设全国统一大市场的重要抓手。2021年9月，《"十四五"长江经济带发展实施方案》将促进城乡区域协调发展列为重点任务之一，推动上中下游地区有机融合，以城市群、都市圈为依托促进大中小城市和小城镇协调联动、特色化发展，打造区域协调发展新样板，旨在充分发挥上中下游地区的比较优势，促进各类要素合理流动和高效集聚，推动协同联动发展。《关于加快建设全国统一大市场的意见》明确指出优先推进区域协作，结合区域重大战略、区域协调发展战略实施，鼓励京津冀、长三角、粤港澳大湾区以及成渝地区双城经济圈、长江中游城市群等区域，在维护全国统一大市场前提下，优先开展区域市场一体化建设工作，建立健全区域合作机制，积极总结并复制推广典型经验和做法。

2022年11月，《推动成渝地区双城经济圈市场一体化建设行动方案（征求意见稿）》提出，成渝地区将共同完善市场基础设施，共同优化要素资源流通环境，共同健全市场制度规则，共同强化区域市场监管，"合力打造区域协作高水平样板，积极服务建设高效规范、公平竞争、充分开放的全国统一大市场"。湖北省发改委印发贯彻落实《关于加快建设全国统一大市场的意见》任务清单及具体措施的通知，提出了20项重点任务清单、95项具体举措，全面加强全国统一大市场建设工作。《长三角国际一流营商环境建设三年行动方案》提出，将进一步破除区域分割和地方保护等不合理限制，健全更加开放透明、规范高效的市场主体准入和退出机制，维护公平竞争秩序，"到2025年，长三角区域资源要素有序自由流动，行政壁垒逐步消除，统一开放的市场体系基本建立"。

综上所述，长江经济带协同发展对于支撑我国区域协调发展具有重大意义，尤其是在"双循环"新发展格局、全国统一大市场建设指引下，长江经济带各城市也积极出台了相应的举措并开展诸多的实践，在经济发展、生态文明、科技创新、基础设施建设等领域已经开展了诸多探索。党的二十大报告为新时期我国区域经济发展奠定了基础、确立了方针、指明了方向，站在新的起点上，为了更好地推动长江经济带城市高质量发展，笔者对长江经济带城市协同发展进行持续性的测度和评价，显得尤为必要和重要。这不仅有利于分类指导、针对性地采取发展举措，同时也对我国区域协调发展战略的实施提供理论参考，也能为其他区域内城市协同发展提供借鉴。

第二章　长江经济带城市协同发展能力评价方法

　　党的二十大报告指出，要坚持以推动高质量发展为主题，增强国内大循环内生动力和可靠性，提升国际循环质量和水平，加快建设现代化经济体系，着力提高全要素生产率，着力提升产业链供应链韧性和安全水平，着力推进城乡融合和区域协调发展，推动经济实现质的有效提升和量的合理增长。

　　为科学评价区域协调发展水平，统筹发展和安全，笔者从系统论、控制论、协同论三个方面阐释了长江经济带城市协同发展能力评价的理论基础；在指标体系层面，构建了包括了经济发展、科技创新、交流服务、生态支撑四个维度18个指标构成的长江经济带城市协同发展能力评价指标体系。为了接轨国际最高水平、体现国内发展趋势，本研究以国内外先进地区的发展程度为依据，针对每个指标分别设定了目标值，并以此作为各个城市发展水平评价的科学依据。

第一节　协同发展能力评价的理论基础

　　长江经济带覆盖上海、江苏、浙江、安徽、江西、湖北、湖南、重庆、四川、云南、贵州等 11 省市，上下游区域之间存在很大差异，需要从系统、整体、协同的视角进行分析。系统论、控制论、协同论都是研究系统演化的理论，它们从不同的方面，互相补充地说明了系统的演化原理。通过这三个理论，笔者从整体出发来研究长江经济带和各组成要素的相互关系，从本质上说明其结构、功能、行为和动态，以达到最优的目标。

一、系统论

系统思想源远流长，公认最早的系统论理论创立者为理论生物学家贝塔朗菲（L. Von Bertalanffy），他将生物的总体及其环境作为一个系统来研究，把生物和生命现象的有序性和目的性与系统的结构稳定性结合，将该理论成功地运用到地理学、生态学、化学等诸多领域。系统论认为系统是由相互作用、相互依赖的要素所组成的有机整体；该理论大多以系统为研究对象，研究它的结构和功能，从而研究分析系统与要素和环境三者之间的相互关系以及变动规律性，通过调整系统的结构，协调各要素之间的联系，达到系统优化的目标。

系统论认为所有系统都具有目的性、整体性、层次性、差异协同性等基本特征。系统的目的性是指系统追求有序稳定结构的特性，研究系统的目的在于调整系统结构，使系统达到目标最优。整体观念是系统核心，系统论认为每个系统都是一个有机整体，其内部的各要素相互关联，各要素有着特定的作用，相互影响的各要素组成一个统一的整体；且系统的整体功能要实现各个要素在单独情况下所无法实现的新的特定功能，具有"整体大于部分之和"的综合效果。系统的差异协同性是系统得以发展演化的前提和基础，差异是系统或要素保持个性的状态和趋势，而协同是系统或要素之间保持合作性、集体性的状态和趋势。只有在差异和协同之间找到一个最佳的平衡点，才能使系统朝着有序的方向演化。

城市系统由很多相互联系依赖的子系统共同构成，其性能大于单个组件的线性总和。2002 年，倡导地区可持续发展国际理事会（ICLEI）首次提出"韧性城市"议题，最初的关注点在"灾害风险治理"，之后渐渐重视到城市韧性具有多部门、区域性、综合性的特点。2016 年第三届联合国住房与可持续城市发展大会发布《新城市议程》，倡导将"城市的生态与韧性"作为新城市议程的核心内容之一，为韧性城市的可持续发展设定了新的全球标准。近年来，在日益增长且变幻莫测的风险挑战影响下，城市如何正常运行并保持韧性，建设有韧性能力的城市，已经成为当前地理学、灾害学、城市规划学和生态学等学科领域亟待研究的新课题。

由尼斯卓姆等（Nyström et al.）提出的人类—环境耦合系统可持续性框架（HES）将人类—环境系统与恢复力研究联系起来（见图 2 - 1），认为人类—环境系统恢复力是通过连接性、动力机制、相互反馈三个关键的特征来反映系统结构，由于人类活动以及跨区域、跨部门的联系增强了系统的互联性，认为系统的结构、功能和相互关系会随着时间而变化。另外，该框架突出系统可持续性产生的内因机制、系统阈值、多重反馈、多层次的特征，对于人类与环境系统可持续性及城市韧性研究具有重要的借鉴意义。

政府间气候变化专门委员会（Intergovernmental Panel on Climate Change，IPCC）认为："韧性用来描述一个系统能够吸收干扰，同时维持同样基础结构和功能的能力，也是自组织、适应压力和变化的能力。"韧性概念包容着社会、经济、文化、环境和空间多重维

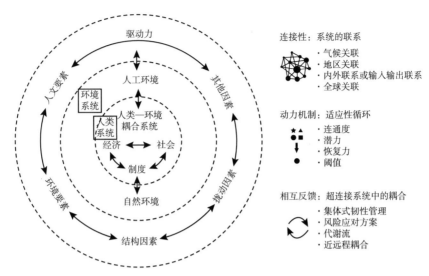

图 2 - 1　人类—环境系统可持续性的理论框架

度，韧性城市正在取代传统思路成为城市可持续发展的关键战略，对于解决现阶段城市中一系列制约经济社会持续健康发展的干扰和压力具有重要的理论和实践意义。2007 年，韧性联盟（Resilience Alliance）提出，城市韧性研究应该包含城市设施环境、代谢流、管治网络、社会层面四个优先领域。其中，城市设施环境是城市韧性的物质基石；代谢流是城市韧性的运转手段，用来支撑城市功能的发挥、提升人类生活质量；管治网络主要涉及城市的自组织和社会的适应性能力；社会层面是指社会资本、人文关怀程度和减缓社会不公力度。这四大优先领域实际上是从设施、生态、社会和经济等维度强调了韧性城市建设中的不同侧面。由于城市系统的复杂性、开放性、综合性等特征，而城市韧性评价又涉及城市的方方面面，不仅包括经济、社会、制度等人文层面，还包括设施、生态等城市环境层面，各系统层间形成动态交互、复杂的城市网络（见图 2 - 2）。城市韧性是由城市经济、社会、制度、生态、基础设施等人文、环境系统组成的高度复杂耦合系统。

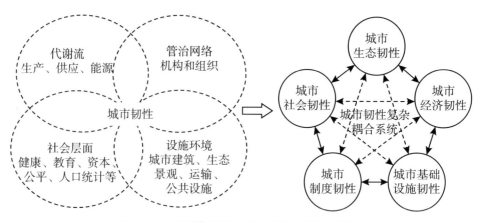

图 2 – 2　韧性城市复杂系统的基本属性

笔者以系统理论框架为指引，构建科学的评价体系，关注城市要素的多维性、城市要素间的相互依赖性和区域内城市系统的交互耦合性，对长江经济带沿线城市在经济发展、生态文明、科技创新、基础建设等领域的实践成果进行多目标（创新、交流等）、多层次（城市、城市群、区域等）、多视角的系统评价；并在"双循环"新发展格局、统一大市场建设的指引下，进一步探索长江经济带协同发展、城市韧性应用模式等的实现途径。

二、控 制 论

控制论（cybernetics）在 20 世纪 40 年代开始形成，1948 年美国数学家诺伯特·维纳（Norbert Wiener）出版专著《控制论——关于在动物和机器中控制和通讯的科学》，为控制论的诞生和发展奠定了基础。控制论发展前后经历了经典控制理论、现代控制理论和大系统理论三大阶段，其中，大系统控制理论本身还在发展中。控制论认为，任何系统，在外界环境的刺激下必然会作出反应，这个反应会反过来影响系统本身。为了维持一个系统的稳定，就要把系统对刺激的反应反馈到系统里，让系统产生一个自我调节的机制。

控制论研究的对象是控制系统，即施控者、受控者和控制作用的传递者三个部分所组成的相对于某种环境而具有控制功能和行为的系统。任何一个控制系统都是在系统与环境之间的相互作用中实现的。因此，控制系统必然是一个动态系统，控制过程必然是一个动态过程。另外，控制系统在实际运行过程中，总会受到外界和内部一些因素的扰动，导致系统不稳定，使在任何微小的扰动作用下偏离原来的平衡状态，并随时间的推移而发散。所谓控制，就是指施控者对被受控者的一种能动作用，而受控者按照施控者的这种作用而动作，并达到系统的预期目标；控制的目标可以由系统外部确定，也可以由系统内部确定。控制论的目标一般可分为两类：一是保持系统的原有状态，一旦发生偏离，就进行控制，使其恢复到原来的状态；二是对控制系统的运行状态加以控制，使其变成新的预期状态。

整体上，我们更希望的一种控制系统是其对外界条件及其自身内部结构的变化，自动地"适应"并使系统始终保持良好的性能，这种具有使用环境变化和自身内部结构变化的能力的控制系统，称为自适应控制系统。控制论的应用范围覆盖了工程、生物、经济、社会、人口等领域，成为研究各类系统中共同的控制规律的一门科学。

经济控制理论是控制理论和经济学结合的产物，用控制理论研究宏观或微观经济的问题。由于快捷的交通和运输、互联网等媒体传递信息，在政府有意促进和一些伙伴协定下形成了城市间合作的区域经济系统，各个城市的经济都是区域经济系统的子系统。而各个城市经济子系统又可以按地理、发达程度，将各个投资、经营主体分解成为成千上万个经济次子系统，如工厂、商店、企业、公司等，甚至有些大企业次子系统跨地域，即地理上横跨几个城市。在这种情况下，区域经济系统就会有一个非常显著的特点：每个经济子系统都有其递阶控制结构，自上而下为工厂、企业等的直接经营管理级（低级管控级），总公司、跨地域集团组成的中级管控级，以地方政府为代表的宏观监控级（高级管控级），甚至还有更高级的监控级（中央政府）。经营管理级直接对被控经济体实施管理，相当于产业大系统中的直接控制器。这样，区域经济系统中城市地方政府对各自的经济子系统实施递阶控制，而整个区域经济大系统则处于分散控制之下。政府监控级通过宏观调控和干预管控城市经济系统，政府相当于高级的控制协调器。例如，政府通过注入更多资金以增加就业、注入货币量、税收等都是具有一定的镇定经济作用的宏观调控。

总体而言，区域经济非常复杂，其所具有控制结构也非常复杂。每个次子系统有其经营目标（其数学表达式称为目标函数），子系统也有自己的监控目标。这些目标由控制结构的各级（地方政府、产业联盟等）通过各种手段加以监管、控制和协调。一般地，每个控制级都可分为数层：监管层、优化层、规划层等（见图2-3）。如此种种，使得区域经济系统及其子系统依据众多的正反馈和负反馈回路演化成复杂系统。

对长江经济带这一区域系统而言，控制是相对分散化的，尽管有国家政策宏观把控，但各城市地方政府仍有自己的宏观调控目标和相应政策，追求城市自身利益最大化，这不可避免与长江经济带整体利益有所冲突。为实现全局优化，笔者关注了以地方政府为代表的监管控制级在推动区域经济、生态等方面发展优化的主导作用，为促进区域资源要素有序自由流动、逐步消除行政壁垒，共筹生态安全与经济发展，建立统一开放的市场体系提供参考意见。

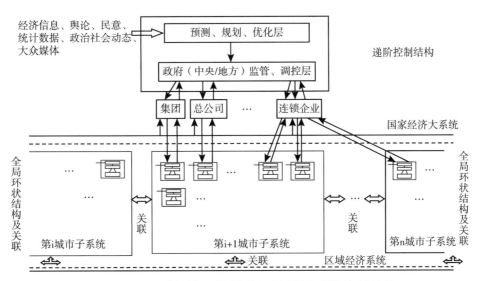

图 2－3　区域经济系统的分解及其子系统控制结构

三、协同论

协同理论由德国著名物理学家、斯图加特大学教授哈肯（H. Hake）创立，是以系统论（system theory）、控制论（cybernetics theory）、信息论（information theory）及结构耗散理论（dissipative structure theory）等为基础发展起来的一门新兴学科，协同论主要研究远离平衡态的开放系统在与外界有物质或能量交换的情况下，如何通过自己内部协同作用，自发地出现时间、空间和功能上的有序结构。

协同论，主要指在复杂系统中有众多的要素以及子系统，众多要素以及子系统当中，最初通常是分散的，甚至是相互排斥的。在"协同"的构建中，就能使众多要素或者子系统从无序逐渐转变成有序，成为具备有关功能的一个有机整体。一个系统通常可因为协同而组成整体性效应与功能，一般是系统协同的一个重要标志，这就使其具备了全新特性，并超出了子系统具备的能力。通常来说，协同理论可包含三个层次的内容，即自组织效应、协同效应、伺服效应。对于自组织效应而言，主要指表达系统从混沌转变成有序的一个过程，通常是系统的内部实施自组织的一个过程，而协同就是其手段与形式。对于协同效应而言，是在复杂且开放的系统中，各个要素或者子系统互相影响，并立足有机整合前提下形成的群体或者是整体效应。对于伺服效应而言，系统上主要是通过少数集体变量中的序参量决定，系统当中的其他变量行为通常是由序参量规定或者支配的。目前，就协同论的研究和应用来说，主要表现于区域城市之间的产业关系，如城市群的建设和协同、产业布局、功能定位等各个方面。

根据协同学的观点，系统内各子系统之间的协同取决于发展的目标，而系统参与主体的本质是追求经济或社会利益最大化。但结合区域协同发展的科学理论基础，当前阶段真正意义上的区域协同是实现规划协同、交通协同、产业协同、城乡协同、市场协同、科技协同、金融协同、信息协同、生态协同和环境协同的协同发展共同体（见图 2－4）。简单来讲，交通协同是区域协同发展的大动脉，畅通这一大动脉需要在区域内部建设客运快速化、货运物流化的智能型综合交通运输体系；产业协同是区域协同发展的基本支撑。区域内城市经济发展必须突出特色，深化分工，优化结构，延伸产业链条，加快产业集群建设，在区域内部形成有链有群型的产业体系，把其建成为各城市产业共链、风险共担、利益共沾的"经济共同体"和"利益共同体"，成为全球和国家先进制造业基地和现代服务业基地。科技协同是区域协同发展的驱动力。充分发挥区域内各城市科技教育资源创新优势，整合内部科技创新资源，建设创新型城市，推动区域实现整体创新，形成包括研发共同体、教育共同体、科技服务共同体和科技成果转化共同体在内的创新共同体。环境协同是区域协同发展的本源。区域内部所涉及的大气污染、水污染和固体废弃物污染等跨行政区划的环境污染综合整治问题，无法由某一个城市独立完成，需要多个城市共同合作，协同作战，实现联防联控联治，实现对区域内大气环境和水环境的同防同治。综上所述，区域发展存在着复杂的多重特征关系，如果区域各子系统能够相互协同，就能实现区域经济、社会和资源环境的和谐发展。

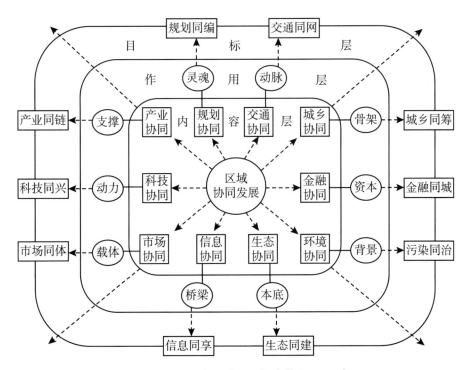

图 2-4　区域协同发展的科学释义示意图

协同发展是未来长江经济带实现高质量发展的关键词，为推进这一目标，首先需要充分认识区域内各类子系统（经济、生态等）发展的多重特征及其关联。长江经济带横跨中国东中西三大区域，地区发展水平差异明显；而笔者除了关注城市协同发展的整体水平外，还从经济发展、科技创新、交流服务和生态保护四个方面分别对城市协同发展能力进行评估，充分剖析区域或城市在某一方面协同发展能力的比较优势，以便更好地发挥上中下游比较优势，促进各类要素合理流动和高效聚集；以城市群、都市圈为依托促进大中小城市和小城镇协调联动、特色化发展。各个城市在新发展格局下要顺势而为，形成追赶超越的良性竞争氛围。

第二节　指标体系构建与指标解释

基于对长江经济带整体的理论梳理与系统分析，城市协同发展能力指数评价指标体系（2022）由四个要素层和 18 个具体指标组成（见表 2 - 1）。在要素层中，从"经济发展""科技创新""交流服务"与"生态支撑"四个方面综合考察协同发展能力；在指标层中，通过综合 GDP 水平、农业机械总动力、新基建发展水平、环保固定资产投资占 GDP 比重、生态文明建设示范区数量等具体指标对各个要素层的内涵进行精准刻画。本指标体系的数据主要来自近年各相关省份统计年鉴、各相关城市统计年鉴、各相关城市国民经济和社会发展统计公报等官方发布的统计数据。

表 2 - 1　　长江经济带城市协同发展能力评价指标体系（2022 年）

要素层	指标层
经济发展（权重 20%）	综合 GDP 水平
	企业城际投资额
	全国制造业 500 强总部数
	农业机械总动力
	社会消费品零售额

续表

要素层	指标层
科技创新（权重30%）	财政科技支出额
	"双一流"建设学科数量
	合作发明专利申请数量
	从事科技活动人员数量
交流服务（权重20%）	新基建发展水平
	机场客货运量
	铁路班次数量
	互联网用户数（宽带与移动网络）
生态支撑（权重30%）	生态文明建设示范区数量
	环保固定资产投资占GDP比重
	单位GDP耗电量
	气象灾害损失值
	空气质量指数（AQI）

一、经济发展要素

（一）综合GDP水平

为了兼顾区域经济总量和区域人均水平，本指标由城市GDP总量和人均GDP两部分组成。GDP（国内生产总值）是指一个地区（国家），包括本地居民、外地居民在内的常住单位在报告期内所产和提供最终使用的产品和服务的价值。人均GDP是指一个地区（国家）核算期内实现的国内生产总值与这个地区（国家）的常住人口的比值，是衡量地区（国家）经济发展和人民生活水平的一个重要标准。本指标由城市GDP总量和人均GDP两部分组成，原始数据经标准化处理后，城市GDP总量和人均GDP指标的权重各占 50%。GDP 总量和人均 GDP 数据均来源于各省市统计年鉴、各城市国民经济和社会发展统计公报。

（二）企业城际投资额

城际投资代表城市之间投资的行为和过程，促进国内区域间资本流动是畅通国内大循环、加快建设全国统一大市场的重要环节。党的二十大报告中提出，要增强国内大循环内生动力和可靠性，提升国际循环质量和水平，加快建设现代化经济体系，着力提高全要素生产率，着力提升产业链供应链韧性和安全水平。内循环的关键在于构建优势互补、高质量发展的区域经济布局。企业城际投资额是指一个城市对长江经济带内部其他城市的投资总额。企业城际投资额数据来自 Wind 数据库和 CSMAR 数据库。

（三）全国制造业 500 强总部数

制造业 500 强总部数量是反映企业自身优势与地区资源优势空间耦合效应的一大重要指标，已被国际上所广泛使用。企业基于区域间的资源优势差异，为实现企业价值链与区域资源的最优空间耦合，由此产生总部集群布局的一种经济形态。制造业 500 强总部数量，刻画了中国制造业 500 强企业总部空间布局特征以及不同制造业领域企业总部空间布局特征，可以为长江经济带区域产业结构优化升级、促进区域协调发展的分析提供基础支撑。制造业 500 强总部数量来自中国企业联合会、中国企业家协会等发布的中国制造业企业 500 强榜单。

（四）农业机械总动力

农业机械化和农机装备是转变农业发展方式、提高农村生产力的重要基础，是实施乡村振兴战略的重要支撑。党的二十大报告提出，加快建设农业强国，扎实推动乡村产业、人才、文化、生态、组织振兴，全方位夯实粮食安全根基，牢牢守住 18 亿亩耕地红线，确保中国人的饭碗牢牢端在自己手中。农业机械总动力指主要用于农、林、牧、渔业的各种动力机械的动力总和，该指标与城市农林牧渔业的规模密切相关。因此，笔者结合农业机械总动力与第一产业生产总值来表示城市的农业机械化水平，相关数据来源于《中国城市统计年鉴》。

（五）社会消费品零售总额

社会消费品零售总额是衡量全社会经济消费活跃程度的重要指标，按商品类别可分为食品类零售额、日用品类零售额、文化娱乐品类零售额、衣着类零售额、医药类零售额、燃料类零售额、农业生产资料类零售额等。社会消费品零售总额，包括企业通过交易售给个人、社会集团，非生产、非经营用的实物商品金额，以及提供餐饮服务所取得的收入金额。社会消费品零售总额数据来源于各个城市年度统计公报、《中国城市统计年鉴》。

二、科技创新要素

（一）财政科技支出额

党的二十大报告强调，必须坚持科技是第一生产力。地方财政科技支出是促进区域科技创新，推动高质量发展的重要政策手段和基础保障，对于我国关键核心技术创新攻关，实现创新驱动发展战略具有重要意义。财政科技支出是指政府及其相关部门按照发展目标对科技创新所给予的直接资金支持，反映了城市科技投入水平和地方政府对科技创新的重视程度。财政科技支出额数据来源于各个城市年度统计公报及《中国统计年鉴》《中国城市统计年鉴》。

（二）"双一流"建设学科数量

建设世界一流大学和一流学科，是党中央、国务院作出的重大战略决策，对于提升我国教育发展水平、增强国家核心竞争力、奠定长远发展基础，具有十分重要的意义。世界一流大学和世界一流学科，简称"双一流"，是中国高等教育领域继"211工程"与"985工程"之后的又一国家战略，旨在进一步提高中国高等教育综合实力和国际竞争力。笔者依据教育部公布的第二轮国家"双一流"学科建设名单，按照城市汇总统计得到"双一流"建设学科数量。

（三）合作发明专利申请数量

合作创新是获取外部知识、共享创新资源的重要方式。通过不同城市间创新主体的互动带来知识的学习与交流，进而推动城市科技发展。合作发明专利数据能够有效反映不同创新主体间（个人、高校、科研机构、企业等）的交流与互动，笔者将合作主体的所在区域限定在长江经济带内，即共同申请的发明专利至少有两个主体位于长江经济带内不同的城市，对于只有一个主体位于长江经济带内，而其他合作主体位于长江经济带以外的发明专利数量不做统计。合作发明专利申请数据来源于国家知识产权局网站。

（四）从事科技活动人员数量

党的十八大以来，以习近平同志为核心的党中央突出强调人才是第一资源，作出全方位培养、引进、使用人才的重大部署。党的二十大报告提出，要加快建设制造强国、质量强国、航天强国、网络强国、农业强国、教育强国、科技强国、文化强国、体育强国等，这些都离不开人才强国的支撑。从事科技活动人员具体是指直接从事科技活动、专门从事科技活动管理以及为科技活动提供直接服务的人员，其规模与城市发展速度、城市创新能力以及科技人力资源的数量、质量、结构、开发利用状况等密切相关。相关数据来源于中国、各城市年度统计公报、年度统计年鉴和《中国城市统计年鉴》。

三、交流服务要素

（一）新基建发展水平

新基建是推动经济高质量发展的新基础。新基建主要包括5G基站建设、特高压、城际高速铁路和城市轨道交通、新能源汽车充电桩、大数据中心、人工智能和工业互联网七大领域。新基建受媒体关注程度能够从一定程度上反映其发展水平。发展水平越高，越能支撑智慧城市的建设，与其他城市的联系程度更高。新基建发展水平，通过对各地城市化行动方案的是否有效、目标设定水平进行评价，按照1~5分评分获得。

（二）机场客货运量

机场客货运量反映了机场的规模和效率，反映了一个城市的对外交往能力，是一个城市国际影响力的重要体现。在生产要素全球流动的频率越来越快的今天，航空运输业对于城市资源的集聚及配置能力与效率、在世界城市体系中的地位和能级、对外部的服务和辐射作用等至关重要。当前，世界上被公认的国际化大都市大多拥有两个以上的机场，航运繁忙、航空运输业发达。为了便于统一量纲，笔者依据相关研究中旅客吞吐量和货物吞吐量之间1∶9的占用资源比，将货物吞吐量换算为旅客吞吐量并进行加权计算。

（三）铁路班次数量

铁路是最早在全球普及的远距离运输方式，它在一定程度上反映了一个城市的对外联系和对外服务能力。铁路作为综合交通运输体系的主力，对于保障区域商贸流通、增进城市对外交流、促进区域协同发展具有重要作用。笔者利用本地宝网站（http：//hcpbendibao.com）的"车站查询"功能，获取长江经济带各个城市主要火车站的班次数量和列车类型。其中，旅客列车班次的主要类型包括高铁（G字头）、城际（C字头）、动车（D字头）、直快（Z字头）、特快（T字头）和快速（K字头）列车。最终结果通过各类型列车型号数加权求和计算得出。

（四）互联网用户数（宽带与移动网络）

在网络时代里，互联网活跃度高的城市更容易在城市网络中占据重要节点位置，并在区域协同发展中发挥重要作用。互联网一方面极大地降低了人们生活、生产活动的信息交流成本，提升了人们的沟通效率；另一方面，互联网建设对于促进城市产业结构调整，提高城市对外开放程度，增强城市综合实力具有重大意义。互联网用户的群体规模能够在一定程度上反映城市的信息交流能力。该指标由宽带用户数和移动电话用户数加总得到，相关数据来源于《中国城市统计年鉴》。

四、生态支撑要素

（一）生态文明建设示范区数量

国家生态文明建设示范区是目前中国生态文明建设领域的最高荣誉，创建地区除需满足生态环境部设置的一系列准入条件，还需满足按照生态制度、生态安全、生态空间、生态经济、生态生活和生态文化六大领域设置的多项指标考核，并在落实生态文明建设重大决策部署等工作方面走在全国前列。入选生态文明建设示范区，即证明了该地区在将生态文明建设融入经济建设、政治建设、文化建设、社会建设各方面、全过程中取得的成就。笔者汇总长江经济带各地级市列入生态环境部目前已发布的共五批生态文明建设示范区（市、县）名单的区域并计数，以反映地区在落实新发展理念，大力推进生态文明建设的努力与实践。

（二）环保固定资产投资占 GDP 比重

环保投资是预防生态风险、改善生态环境的有效手段，国际上常以环保投入占 GDP 的比重来评估某一地区生态环境保护的能力。环保投资的情况直接反映了区域对环境保护的重视程度和投入力度，对提升区域整体生态环境水平具有至关重要的意义。加大环保投入不仅可以规避生态风险，及时处理生态问题，保证生态安全；同时促进社会—经济—自然复合生态系统的协同演进过程，进而有助于长江经济带协同发展。环保固定资产投资额以及 GDP 数据来源于《中国城市统计年鉴》。

（三）单位GDP耗电量

单位GDP耗电量代表经济增长下的能源消耗，是国际上通用的衡量经济可持续发展能力与产业结构优化的重要指标。单位GDP耗电量指一个国家或地区一定时期内生产一个单位的国内或地区生产总值所消耗的电能，反映了经济发展对能源的依赖程度。单位GDP耗电量间接反映产业结构状况、能源消费构成、设备技术装备水平和利用效率等多方面内容。笔者把单位GDP耗电量作为分析评价区域经济系统协同发展的指标，来反映区域经济系统发展过程中，人类生产活动与自然资源、生态环境等的协同状态。相关数据来源于《中国城市统计年鉴》。

（四）气象灾害损失值

气象灾害风险是长江流域主要面临的自然生态风险，尤其是暴雨和洪涝灾害。国际上一直把气象灾害所造成的损失作为气象灾害的重要统计值，直接反映灾害对人类和生态的破坏程度。评价长江经济带城市协同能力应充分评估其发展面临的生态风险，进而进行有效防御和治理。气象灾害损失值能够有力地说明长江经济带所主要面临的自然方面的生态风险。笔者综合多年气象灾害的平均受灾人数和经济损失，通过标准化后进行加总，以此评价长江经济带城市发展中的自然生态风险。

（五）空气质量指数（AQI）

空气质量指数（air quality index，AQI），是指根据环境空气质量标准和各项污染物对人体健康、生态、环境的影响，将常规监测的几种空气污染物浓度简化成为概念性指数值，适合于表示城市的短期空气质量状况和变化趋势。AQI 指数反映了城市对空气质量治理与改善的投入力度，间接反映一个城市的环保意识与行动力，也是反映其经济发展质量、创新驱动转型成效的重要指标。相关数据来源于中国研究数据服务平台（CNRDS）中的环境研究数据库（CEDS）。

第三节　计算方法与指标标准

为科学准确地刻画长江经济带城市协同发展能力，指数计算按指标赋权、设定目标值、数据标准化、指数计算四个步骤进行。指标体系权重采取逐级分配的方式，首先将长江经济带协同发展指数的总体权重设为100%；再按目标层下属的四个要素层，按经济发展（权重20%）、科技创新（权重30%）、交流服务（权重20%）、生态支撑（权重30%）的比例分配。

依据国内外先进地区发展水平、未来发展趋势，对每个指标设定了目标值（见表2-2），并以此作为110个城市指标得分的基准。在对指标进行计算前，首先区分该指标是属于正向指标还是负向指标，对于属于正向指标的数据，将目标值的水平设定为100分，把指标数据与目标值相比较，指标数据与目标值的比值即为初始得分；对于属于负向指标的数据，首先把数据进行反向化处理，再将目标值的水平设定为100分，把指标数据与目标值相比较，指标数据与目标值的比值即为初始得分。计算中若出现负值统一进行归零处理。为保证数据平稳性，避免异常值波动过大，对各个时序变量指标的原始数据采用近三年平均值。

表 2 - 2 指标标准设定（2022 年）

要素层	指标层	指标性质	计量单位	目标值	设定依据
经济发展	综合 GDP 水平	正向	—	160.99	国际先进水平（参照纽约等城市）
	企业城际投资额	正向	亿美元	1 257	国内领先水平（参照上海等城市）
	全国制造业 500 强总部数	正向	家	30	国际先进水平（参照东京等城市）
	农业机械总动力	正向	亿元/万千瓦	1.8	国内领先水平（参照自贡等城市）
	社会消费品零售额	正向	亿元	15 933	国内领先水平（参照北京等城市）
科技创新	财政科技支出额	正向	亿元	411	国内领先水平（参照上海等城市）
	"双一流"建设学科数量	正向	个	64	国内领先水平（参照上海等城市）
	合作发明专利申请数量	正向	个	2 000	国际先进水平（参照深圳等城市）
	从事科技活动人员数量	正向	万人	30	国际先进水平（参照首尔等城市）
交流服务	新基建发展水平	正向	分	5	国家发展要求
	机场客货运量	正向	万人	7 570	国际先进水平（参照亚特兰大等城市）
	铁路班次数量	正向	次	988	国家发展要求
	互联网用户数（宽带＋移动网络）	正向	万人	5 196	国内领先水平（参照上海等城市）

续表

要素层	指标层	指标性质	计量单位	目标值	设定依据
生态支撑	生态文明建设示范区数量	正向	个	13	国内领先水平（参照成都等城市）
	环保固定资产投资占 GDP 比重	正向	%	6	国际先进水平（参照巴黎等城市）
	单位 GDP 耗电量	负向	千瓦时/万元	81.625	国际先进水平（参照东京等城市）
	气象灾害损失值	负向	—	0	国家发展要求
	空气质量指数（AQI）	负向	—	10	国际先进水平（参照温哥华等城市）

　　根据指标定义进行计算，分别得到长江经济带 110 个城市相应的要素层和具体指标得分，城市的某一级得分越高表示该城市在这一级表现越好，整体得分越高则表明该城市在长江经济带协同发展中水平越高。

一、经济发展指标标准

（一）综合 GDP 水平

目标值：160.99

　　为更客观地衡量区域经济发展水平，笔者考虑总量和人均两方面，采用综合 GDP 水平这一指标。从总量上看，根据可获取的最新一期数据，长江经济带 GDP 为 455 327 亿元，占全国 GDP 的 39.8%。全球协同发展较高的城市有纽约、巴黎、伦敦、东京等，其中，伦敦、巴黎和东京为各自国家的首都，行政能力影响较强。纽约与上海是各自国家的经济中心，相似程度最高。同期来看，纽约的 GDP 总量为 1.1 万亿美元，上海是长江经济带 GDP 总量最高的城市，其 GDP 为 5 609 亿美元，两者之间相差近 2 倍，因此以纽约的水平作为 GDP 总量的目标值。在人均 GDP 方面，国际上通行的一般以人均 2 万美元作为达到发达经济体的标准，因此以此作为长江经济带人均 GDP 的目标值。把两者标准化后，综合 GDP 水平的目标值为 160.99。

（二）企业城际投资额

目标值：1 257 亿元

城际投资指的是城市之间的投资行为和过程，"双循环"背景下其在一定程度上反映着中国将对外投资转化为国内投资的实力和潜力。2021 年，长江经济带内城际投资前三的城市分别是上海、杭州和苏州，投资额分别是 1 250 亿元、947 亿元和 568 亿元；事实上，上海市城际投资额连续多年遥遥领先，但年增长率趋缓，2021 年的增长率仅为 0.55%。长江经济带作为具有全球影响力的内河经济带、东中西互动合作的协调发展带，提供了分析城际投资空间组织规律的全新视角。结合实际情况，笔者以国内领先的上海的城际投资为依据，将长江经济带各城市间城际投资额的目标值设置为 1 257 亿元。

（三）全国制造业 500 强总部数

目标值：30 家

制造业 500 强总部数量反映了地区在制造业上的控制能力，隐藏着地区产业未来发展的潜力。2021 年，制造业 500 强企业总部位于长江经济带的数量为 222 家，排名前三的是杭州、无锡、上海，数量分别是 27 家、23 家、22 家。在世界范围内，2021 年北京拥有 53 家世界 500 强企业总部，东京拥有 36 家。上海只有 12 家世界 500 强企业总部，与北京、东京等城市的差距比较大。对标东京等城市的国际先进水平，并结合长江经济带实际，目标值设定为 30 家。

（四）农业机械总动力

目标值：1.8 亿元/万千瓦

农业机械总动力指主要用于农、林、牧、渔业的各种动力机械的动力总和，常被作为衡量区域农业机械化程度的重要指标，该指标与城市农林牧渔业的规模密切相关。根据可获取的最新一期数据，长江经济带内农业机械化水平排名最高的城市为四川自贡市，单位动力产值为 19 255.1 元，增长率为 10.7%。全国范围内，农业机械化水平前两名的城市为新疆克拉玛依市和福建龙岩市，单位动力产值分别为 46 429.6 元和 31 856.9 元，年增长率分别为 23.9% 和 8.1%。相较而言，与国内先进水平还存在一定差距，因而结合国内领先水平，并与当地农业总产值相比，计算第一产业产值/农业机械总动力，目标值设定为 1.8 亿元/万千瓦。

（五）社会消费品零售额

目标值：15 933 亿元

社会消费品零售总额是刻画区域经济发展活力的重要指标，反映出了区域经济消费能力。根据可获取的最新一期数据，长江经济带所有城市的社会消费品零售总额约为 18.5 万亿元。其中，上海和重庆两座城市社会消费品零售额超过 1 万亿元，一半以上城市社会消费品零售额超过 1 000 亿元。同期来看，上海市社会消费品零售总额 15 932.5 亿元，与 2021 年基本持平。放眼全国，2022 年社会消费品零售总额处于万亿量级的城市还有北京和重庆，分别为 13 716.4 亿元和 11 787.2 亿元。以国内领先的北京等城市的水平为参照，目标值设定为 15 933 亿元。

二、科技创新指标标准

（一）财政科技支出额

目标值：411 亿元

根据可获取的最新一期数据，长江经济带财政科技支出总额达到 2 712 亿元，较 2021 年增加 56 亿元，增长了 2.1%。排名前五位的城市分别是上海、苏州、合肥、武汉和杭州，分别达到 406 亿元、216 亿元、163 亿元、153 亿元和 144 亿元，其中上海、苏州和合肥相比 2021 年分别增长了 4.3%、19.1%、25.3%，而武汉和杭州分别降低了 13.5% 和 2.6%。据国家统计局官网发布的数据，同期长江经济带财政科技支出较 2021 年增长了 16.5%，在近十年间，长江经济带财政科技支出每年以 10% 以上的速度递增。上海、杭州、武汉等作为长江经济带的龙头城市，应持续加大财政科技投入力度，在现有基础上提高财政科技支出额的比例。以全国财政科技支出额最高的北京为依据，城市的财政科技支出额的目标值设定为 411 亿元。

（二）"双一流"建设学科数量

目标值：64 个

根据可获取的最新一期数据，长江经济带"双一流"建设学科数量前三位城市分别为上海、南京、武汉，分别达到 57 个、40 个、

29 个。2022 年，教育部、财政部、国家发展改革委印发《关于深入推进世界一流大学和一流学科建设的若干意见》，更新公布了"双一流"建设高校及建设学科名单。其中，长江经济带"双一流"建设学科数量达到 218 个，排在前五位的城市分别为上海、南京、武汉、杭州和合肥，分别达到 64 个、43 个、32 个、22 个、13 个。根据 2022 年版的"QS 世界大学排名"，中国大陆有六所高校进入前 100 强，其中四所（复旦大学、上海交通大学、浙江大学、中国科学技术大学）位于长江经济带。根据 2022 年"QS 世界大学学科排名"，中国共有 249 个学科进入全球 50 强，其中 100 个学科来自长江经济带高校。中国高校在全球总体上表现亮眼，但与美国、英国等传统高等教育大国依旧存在差距，世界排名 50 强学科数量与之相比差距悬殊。以全国领先的上海为参照，"双一流"学科数量目标值设定为 64 个。

（三）合作发明专利申请数量

目标值：2 000 件

根据可获取的最新一期数据，长江经济带合作发明专利申请数量的前五位城市分别为上海、南京、杭州、苏州和宁波，分别达到 1 767 件、1 180 件、1 097 件、795 件和 730 件。根据统计数据，中国 PCT 国际专利申请量已连续三年居世界首位。从可比口径看，2021 年中国国际专利申请量已达到 6.95 万件，而美国的国际专利申请量为 5.96 件，中国知识产权事业成绩斐然。作为该领域的领先者，深圳当年 PCT 国际专利申请量达到 1.74 万件，约占全国申请总量的 25.52%，连续 18 年居全国大中城市首位。对比重点国际创新型区域，深圳的 PCT 国际专利申请公开量大幅领先纽约、硅谷和以色列。随着知识产权强国战略的实施，长江经济带城市合作发明专利申请数量应保持稳定增长，将长江经济带合作发明专利申请数量目标值设定为 2 000 件。

（四）从事科技活动人员数量

目标值：30 万人

根据可获取的最新一期数据，长江经济带从事科技活动人员数量的前五位城市分别为上海、成都、武汉、杭州和南京，除了上海超过 30 万人以外，后四个城市分别达到 19.37 万人、9.87 万人、9.64 万人和 9.6 万人。中国虽然科研人员规模大，但总体上科研人员占劳动力比重远低于其他国家。根据 OECD 同期发布的科学技术指标（Science and Technology Indicators），中国每千名劳动力拥有研发人员数量为 232 人/千名，远低于韩国（1 473 人/千名）、丹麦（1 438 人/万名）、瑞典（1 381 人/千名）、芬兰（1 374 人/千名）、挪威（1 224 人/千名）等国家。在创新驱动国家战略背景下，长江经济带城市在从事科技活动人员数量上还要有大幅提升，参照韩国首尔等国际领先城市发展水平，近期目标值设定为 30 万人。

三、交流服务指标标准

（一）新基建发展水平

目标值：5 分

2020 年 5 月 22 日第十三届全国人大三次会议做的政府工作报告指出，加强新型基础设施建设，发展新一代信息网络，拓展 5G 应用，建设充电桩，推广新能源汽车，激发新消费需求、助力产业升级。根据可获取的最新一期数据，长江经济带新基建发展水平排名靠前的城市有武汉、上海、南京、长沙、成都、贵阳和昆明等。可以看出，上中下游核心城市都十分关注新基建的发展。本指标为政策评分型指标，目标值设为最高分5分。

（二）机场客货运量

目标值：7 570 万人

根据可获取的最新一期数据，长江经济带机场客运量前五位城市为成都、上海、昆明、杭州和重庆，分别达到6 386 万人、6 121 万人、4 808 万人、4 011 万人和3 405 万人；机场货运量前五城市为上海、成都、杭州、昆明、南京，分别为405 万吨、70.8 万吨、69.0 万吨、41.5 万吨、37.4 万吨。根据国际机场协会（ACI）公布的2021 年度全球机场数据排行，哈兹菲尔德—杰克逊亚特兰大国际机场（7 570 万人次，同比增长76.4%）占据了排名的首位，紧随其后的是达拉斯机场（6 250 万人次，+58.7%）和丹佛国际机场（5 880 万人次，+74.4%）。在货运方面，中国香港国际机场（HKG，500 万吨，+12.5%）重回榜首，孟菲斯国际机场（MEM，450 万吨，-2.9%）重返第二位。以世界最高水平为参照，客运量和货运量的目标值分别设为7 570 万人和500 万吨。

（三）铁路班次数量

目标值：988 次

根据可获取的最新一期数据，长江经济带铁路班次数量前五位城市为武汉、上海、南京、长沙和杭州，分别达到988 次、914 次、871 次、746 次和667 次。为适应人民出行需求，我国铁路班次会在不同季节进行时间上和次数上的微小调整，但铁路班次整体变化不大，铁路交通班次数量可能基本保持稳定。因此，近期目标值仍然以长江经济带城市最高班次为参考依据，设定为988次。

（四）互联网用户数

目标值：5 196万人

根据可获取的最新一期数据，长江经济带互联网（宽带＋移动用户）人数前五位城市为重庆、上海、成都、苏州、杭州，分别达到5 051万人、4 898万人、3 399万人、2 516万人、2 341万人。近十年，中国互联网用户数年增长率达8.9%。我国互联网发展水平仍有较大上升空间，随着新基建的推进，互联网用户将进一步增长。另外，长江经济带中大城市多，互联网人数较多，可估计长江经济带互联网用户数能达到较快增长率。参照加利福尼亚州旧金山等领先地区的互联网用户占总人口的比例，结合国内领先城市的发展趋势，近期目标值设定为5 196万人。

四、生态创新指标标准

（一）生态文明建设示范区数量

目标值：13个

为推进生态文明制度建设，落实党中央、国务院关于加快推进生态文明建设的决策部署，环境保护部于2017年公布了第一批国家生态文明建设示范市县名单。至2021年，已公布了五批国家生态文明建设示范区名单，共命名362个国家生态文明建设示范区。建设生态文明建设示范区需要"政府主导、全民参与、社会共治"，可有效解决农村生态环境问题、实现区域经济社会与环境保护协调发展。目前，成都拥有国内最多生态文明建设示范区，共 13 个。因此，以国内最高水平为基准，将长江经济带生态文明建设示范区数量的目标值设定为 13 个。

（二）环保固定资产投资占 GDP 比重

目标值：6%

根据可获取的最新一期数据，长江经济带环保固定资产投资占 GDP 比重排名前五的城市为阜阳、赣州、抚州、保山和南充，分别达到 2.28%、2.18%、1.69%、1.62% 和 1.10%。许多发达国家在 20 世纪 70 年代，环境保护投资占 GDP 的比例就基本达到 2% 以上。《全国城市生态保护与建设规划》提出，我国环保投资占 GDP 的比例目标不低于 3.5%。根据巴黎、芝加哥、多伦多等发达国家城市的水平，一般可达到 4%～6%。因此，把长江经济带环保投资的目标值设为 6%。

（三）单位 GDP 耗电量

目标值：81.625 千瓦时/万元

该指标为反向指标。根据可获取的最新一期数据，长江经济带单位 GDP 耗电量最低的五位城市分别为自贡、南充、长沙、襄阳和常德，分别达到 298.95 千瓦时/万元、340.18 千瓦时/万元、342.08 千瓦时/万元、342.32 千瓦时/万元和 344.31 千瓦时/万元。2017 年和 2018 年连续两年政府工作报告指出，未来一年单位 GDP 能耗下降 3% 以上。国家统计局能源司同期发布的报告指出，目前全国单位 GDP 能耗比 1978 年累计降低 77.2%，年均下降 3.7%。单位 GDP 耗电量与单位 GDP 能耗有较高的相关性。当前，长江经济带城市平均水平为 633 千瓦时/万元，中国与世界水平相差较大，约为发达国家（日本）的 8 倍。参考东京、大阪等城市的发展水平，最低目标值可设定为 81.625 千瓦时/万元。

（四）气象灾害损失值

目标值：0

该指标为反向指标。经加总计算后，根据可获取的最新一期数据，长江经济带气象灾害经济损失程度最轻的前五位城市为镇江、上海、泰州、淮安和扬州，分别达到 0.72、0.9、1.01、1.02 和 1.02。跟往年相比，大部分城市的气象灾害经济损失逐渐降低，受灾人数也呈现逐渐减少的趋势。因此，将气象灾害损失值的目标值设为最低值，即为零。

（五）空气质量指数（AQI）

目标值：10

该指标为反向指标。根据可获取的最新一期数据，长江经济带空气质量指数最好的四个城市为普洱、临沧、丽江和保山，分别为 42、45、45 和 46。按国内标准，AQI 低于 50 为一级（优级），低于 100 为二级（良），低于 150 为三级（轻度污染）。然而，中国目前处于工业快速发展时期，现有的空气质量指数计算标准是宽松的过渡期标准，与发达国家的标准有一定的差距，中国 AQI 为 0～25 的空气质量按北美国家的标准才被归为优等级。对标加拿大温哥华、澳大利亚布里斯班、新西兰惠灵顿、冰岛雷克雅未克等国际较高水平，笔者将空气质量指数的目标值设为 10。

第三章　长江经济带城市协同发展能力评价结果

笔者使用最近三年的平均数据，采用层次分析法、熵权法等计算指标体系计算方法，对长江经济带城市协同发展能力指数进行测算，进而对长江经济带城市的总体协同发展能力，以及经济发展、科技创新、交流服务、生态支撑四个分领域的协同发展能力进行综合评价；进一步采用空间计量分析方法对 2022 年度各城市的协同发展能力在空间分布特征及内在驱动因子等方面进行深入分析和评价。

第一节　协同发展能力排行榜

一、协同发展能力总体特征

通过对长江经济带城市协同发展能力指数的综合计算，得到 2022 年长江经济带城市协同发展能力排行榜（见表 3－1）。从榜单可以看出，上海、杭州、南京、成都、武汉、重庆、苏州、无锡、宁波、合肥等城市位于排行榜的前十名。上海作为龙头城市，在长江经济带各城市中独领风骚。杭州的排名则在南京、成都之上，坐拥第二的位置，其发展的核心优势在于数字经济。作为全国发展数字经济的率先起跑者，杭州推动数字经济融入经济社会发展各领域全过程，让数字经济成为高质量发展的主引擎。根据 2019～2021 年《杭州市国民经济和社会发展统计公报》，在此期间，杭州数字经济核心产业增加值由 3 795 亿元持续增长至 4 905 亿元，占 GDP 比重由 24.7% 持续提升至 27.1%，年均增速为 13.3%，实现高基数上的高增长。此外，排名前十的城市中除杭州、南京、成都、武汉、合肥等省会城市外，非省会城市江苏苏州、江苏无锡、浙江宁波也位居其中。依托于雄厚工业基础，苏州、无锡的经济发展水平处于全国前列。在数字经济发展大势下，二者立足原有工业基础，着力推动数字经济与实体经济深度融合，为城市高质量发展赋能。2021 年以来，苏州大力推进制造业"智能化改造和数字化转型"，2021 年完成"智改数转"项目 10 634 个，涉及工业企业 7 153 家。2022 年初，苏州市委、市政府一号文件《苏州市推进数字经济时代产业创新集群发展的指导意见》发布，以数字的手段赋能创新，力争打造全国"创新集群引领产业转型升级"示范城市。无锡近年来以智能制造为主攻方向，加速推动产业数字化转型，截至 2021 年 5 月，已获国家智能制造示范应用项目 10 个，国家智能制造标杆企业 2 家，省级以上智能车间、智能工厂数量稳居全省第二。同年 5 月，无锡发布"十百千万"工程，加快全市企业智能化改造、数字化转型步伐，当年全市"智改数转"项目已达 4 410 个。而宁波城市发展的核心在于"以港兴市，以市促港"。宁波拥有全球第三大集装箱港——宁波港，并依托宁波港形成石化、汽车制造、港铁及船舶制造等支柱产业。在数字经济发展方面，宁波深化数字技术融合应用和全要素数字化转型，以"产业大脑＋未来工厂"为核心，加快工业互联网、数字贸易、数字港航场景应用，高水平推进数字经济系统建设，致力推动产业经济全链条协同融合，助力全市高质量发展。

表 3 - 1   长江经济带城市协同发展能力排行榜（2022 年）

排名	城市	总分	排名	城市	总分	排名	城市	总分
1	上海	**66.40**	22	赣州	14.74	43	宿迁	11.22
2	杭州	**37.90**	23	徐州	14.65	44	六盘水	11.05
3	南京	**35.73**	24	绍兴	14.43	45	淮安	10.82
4	成都	**35.32**	25	扬州	13.88	46	玉溪	10.81
5	武汉	**33.64**	26	曲靖	13.72	47	衢州	10.80
6	重庆	**29.33**	27	金华	13.70	48	内江	10.75
7	苏州	**28.90**	28	丽水	13.40	49	丽江	10.72
8	无锡	**25.91**	29	泰州	13.33	50	安顺	10.70
9	宁波	**24.46**	30	芜湖	13.27	51	德阳	10.64
10	合肥	**23.29**	31	遵义	12.82	52	株洲	10.59
11	长沙	22.81	32	湖州	12.43	53	上饶	10.51
12	昆明	19.44	33	连云港	12.40	54	南充	10.48
13	贵阳	18.79	34	盐城	12.20	55	鹰潭	10.48
14	常州	17.91	35	绵阳	12.17	56	攀枝花	10.44
15	镇江	17.42	36	宜昌	12.08	57	黄山	10.28
16	舟山	16.83	37	遂宁	11.96	58	黄石	10.20
17	南昌	15.96	38	保山	11.88	59	达州	10.20
18	嘉兴	15.30	39	九江	11.85	60	郴州	10.11
19	台州	15.11	40	自贡	11.58	61	马鞍山	10.06
20	温州	14.99	41	襄阳	11.48	62	常德	10.02
21	南通	14.84	42	普洱	11.29	63	铜仁	9.97

续表

排名	城市	总分	排名	城市	总分	排名	城市	总分
64	泸州	9.97	80	岳阳	9.18	96	亳州	7.88
65	鄂州	9.94	81	昭通	8.95	97	六安	7.83
66	宜宾	9.71	82	滁州	8.78	98	巴中	7.82
67	景德镇	9.70	83	吉安	8.77	99	淮南	7.78
68	抚州	9.60	84	宜春	8.70	100	怀化	7.69
69	临沧	9.58	85	孝感	8.50	**101**	**广安**	**7.47**
70	张家界	9.57	86	咸宁	8.48	**102**	**萍乡**	**7.45**
71	衡阳	9.53	87	湘潭	8.47	**103**	**荆门**	**7.36**
72	蚌埠	9.49	88	宿州	8.42	**104**	**娄底**	**7.36**
73	乐山	9.48	89	安庆	8.40	**105**	**邵阳**	**7.33**
74	广元	9.48	90	永州	8.19	**106**	**荆州**	**7.31**
75	阜阳	9.36	91	铜陵	8.16	**107**	**淮北**	**7.28**
76	毕节	9.34	92	资阳	8.07	**108**	**益阳**	**7.28**
77	十堰	9.26	93	新余	8.06	**109**	**池州**	**7.26**
78	黄冈	9.25	94	雅安	8.03	**110**	**随州**	**7.22**
79	宣城	9.23	95	眉山	8.01			

　　排行榜的最后10个城市分别为广安、萍乡、荆门、娄底、邵阳、荆州、淮北、益阳、池州、随州。从总的格局来看，长江经济带城市协同发展能力依然呈现东高西低的态势以及省会城市和沿江沿海城市较高的核心边缘格局。

　　长江经济带各城市的协同发展能力与其位序近似服从Zipf的规模—位序分布规律，去掉极值和异常值，其得分的对数与其排序的拟合优度达到了81.97%（见图3-1），说明得分与位序的拟合效果良好。2022年度得分—位序拟合线反映长江经济带城市的协同发展水平呈现出"少数城市强，多数城市弱"的差异化特点。由此可见，如何推进长江经济带城市在经济、创新、交流、生态等领域的合作往来，促进区域整体交流能力的提升，进而提升长江经济带城市的整体协同发展能力，仍然是今后相当一段时间内有待解决的重要问题。

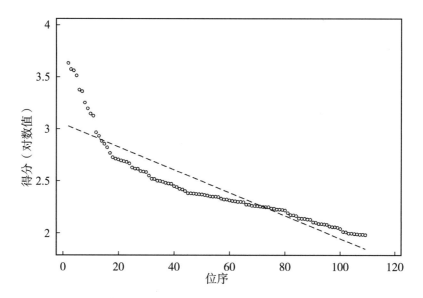

图 3-1　长江经济带城市协同发展能力的得分—位序分布（2022 年）

二、协同发展能力等级类别

　　长江经济带内部各城市间的协同发展能力差距比较显著。在长江经济带城市协同发展能力指数得分中，其自然断裂点分别为 8、9、11、22 和 43。据此，可以将长江经济带 110 个城市分为六个等级。

第一类城市：龙头城市（得分 66.40 分）

　　这类城市仅含上海一座城市。上海的协同发展能力在长江经济带 110 个城市中居于首位，得分遥遥领先于排在第 2 位的杭州，是长江经济带协同发展的龙头城市。上海在经济发展、科技创新和交流服务领域的协同发展能力得分一枝独秀，分别领先第二名 15.72 分、50.56 分和 30.08 分，而生态保护协同发展能力排名第 25 位。上海着力打造国际经济、金融、贸易、航运中心以及具有全球影响力的科技创新中心，其经济实力雄厚，科创资源集中，加之处于长江"龙头"的位置，其制度创新经验和先发优势能够有效辐射整个经济带，对长江经济带全流域发展具有重大影响。环保方面，近年来上海市持续加大污染防治、生态修复与保护等工作力度，提高环境基础设施能力水平，通过发展环境友好型新兴产业，强化重点领域节能降碳，加快绿色发展方式转变，着力推动以"垃圾分类"等为代表的绿色生活方式，提升生态空间规模和品质，打造崇明国际生态岛，取得了较为显著的绿色发展成效。

第二类城市：高级区域中心城市（得分 22～43 分）

这类城市包括排名第 2～11 位的杭州、南京、成都、武汉、重庆、苏州、无锡、宁波、合肥、长沙，计 10 座城市。这 10 座城市分布于长江上、中、下游，是对长江经济带三大城市群（成渝城市群、长江中游城市群和长三角城市群）具有辐射带动作用的高级区域性中心城市。整体而言，它们在经济发展、科技创新、交流服务等领域大多位列第一梯队，且各有所长，然而在生态保护领域则总体水平不高，平均得分仅为 10.26 分，相当于生态领域排名的第 36 位，其中排名最低的合肥位于第 66 位。杭州在经济发展领域处于明显优势地位，企业城际投资额、全国制造业 500 强总部数等子指标均表现优秀。南京作为重要的科创中心和铁路枢纽，在"双一流"建设学科数量、合作发明专利申请数量、铁路客运量等方面存在优势。成都在从事科技活动人员数量、航空运输量处于领先地位，是长江上游地区的重要科创中心与航空节点；此外，成都在生态文明建设方面表现突出，是长江上游及长江经济带城市生态文明建设的典范。武汉在农业机械化水平、财政科技支出额、"双一流"建设学科数量方面名列前茅，环保固定资产投资占 GDP 比重与单位 GDP 耗电量等指标在同类城市中表现出色，彰显其在乡村振兴、科创投入与环保减排方面的努力。重庆在社会消费品零售额、互联网用户数等指标上具有优势，体现其作为成渝城市群重要经济中心与交流中心的职能。苏州在综合 GDP 水平、财政科技支出上处于较为领先的地位，是长三角地区重要的经济中心与科创中心。无锡作为全国制造业 500 强企业总部聚集地，是长三角地区重要的制造业服务中心，而在数字经济和生态文明建设方面的成就也使其排名较 2021 年有所提升。宁波整体发展较为均衡，经济发展较 2021 年有所进步，但在交流服务与生态支撑领域有所不足。合肥依托国家综合性科学中心建设，加快推动新型基础设施建设，并以此作为领先优势，然而，相较 2021 年，合肥在四项子领域的得分均有所下降，从而使总体得分排名下降，表明合肥在各子领域中的发展较同类其他城市可能有所滞后，影响了总体协同发展能力的提升。长沙得益于"双一流"高校与学科建设、轨道交通发展与产业结构优化升级，在科技创新、交流服务与生态支撑等方面具有一定优势，但在同类城市中相对没有特别突出的领域。

第三类城市：一般区域中心城市（得分 11～22 分）

这一类别包括排名第 12～44 位的昆明、贵阳、常州、镇江、舟山、南昌、嘉兴、台州、温州、南通、赣州、徐州、绍兴、扬州、曲靖、金华、丽水、泰州、芜湖、遵义、湖州、连云港、盐城、绵阳、宜昌、遂宁、保山、九江、自贡、襄阳、普洱、宿迁、六盘水，计 33 座城市。这类城市在综合能力保持较高水准的前提下，往往在个别分专题领域表现突出，例如昆明作为我国西南地区的中心城市之一，门户枢纽作用明显，是我国面向东南亚的"大门"，昆明以建设区域性国际中心城市为统领，着力打造区域性国际综合交通枢纽，加快建设区域性国际经济贸易中心、区域性国际科技创新中心、区域性国际金融服务中心以及区域性国际人文交流中心"四大中心"，推动城市高质量发展。贵阳作为全国首个国家大数据综合试验区核心区，是中国最重要的数据中心基地，而数字经济产业也成为这座城市实现经济转型升级、跨越式发展的重要支撑。舟山、镇江依托省级以上生态文明建设示范区与国家生态文明建设先行示范区发展成果，在生态文明建设方面持续发力，力争打造全国生态文明建设的海岛样本与低碳品牌。值得注意的是，遂宁、自贡、普洱、六盘水等城市 2022 年在农业机械化水平指标上表现较为良好，并带动其经济发展领域得分与总体排名较上年大幅提升，协同能力等级提高，成为一般区域中心城市，体现出这些城市推动乡村振兴与城乡区域协调发展、助力国内大循环的潜力。

第四类城市：区域重要城市（得分 9～11 分）

这一类别包括排名第 45～80 位的淮安、玉溪、衢州、内江、丽江、安顺、德阳、株洲、上饶、南充、鹰潭、攀枝花、黄山、黄石、达州、郴州、马鞍山、常德、铜仁、泸州、鄂州、宜宾、景德镇、抚州、临沧、张家界、衡阳、蚌埠、乐山、广元、阜阳、毕节、十堰、黄冈、宣城、岳阳，共计 36 座城市。这类城市的总体协同能力一般，辐射带动能力一般。不过，这些城市大多是地方性经济中心，在当地对邻近区域具有一定的辐射带动能力；部分城市依赖于当地资源禀赋，形成专业化的城市职能（如旅游城市丽江、景德镇、张家界，矿业城市攀枝花、黄石等），在个别领域有较强的对外服务功能，其未来的协同发展能力提升空间较大。然而，对于专业化的城市尤其是资源型城市而言，它们的创新得分普遍较低，这表明这类城市尤其需要警惕陷入路径依赖，围绕优势产业进行产业升级，激发创新活力是构建它们核心竞争力的关键。值得注意的是，依托2022年在农业机械化水平指标上的良好表现，攀枝花、临沧、张家界等城市经济发展领域得分与总体排名较上年大幅提升，协同能力等级提高，成为区域重要城市，体现出这些城市推动乡村振兴与城乡区域协调发展的潜力。此外，内江、株洲、上饶、鹰潭、马鞍山、常德、蚌埠等城市在铁路班次数量、互联网用户数、环保投资比重等指标中多项指标评分较上年降低，生态文明建设成效也亟待加强，这些交流服务与生态支撑领域中的短板制约其协同发展能力的提升，协同能力等级相对降低。

第五类城市：地方重要城市（得分8~9分）

这一类别包括排名第81~95位的昭通、滁州、吉安、宜春、孝感、咸宁、湘潭、宿州、安庆、永州、铜陵、资阳、新余、雅安、眉山，计15座城市。这类城市总体协同能力较弱，辐射带动能力相对有限，而表现不同：一类是在经济发展、科技创新、交流服务、生态支撑各个分领域的协同水平都不够突出，如吉安、安庆等市；另一类是在某一个领域表现较差，导致总指数排名靠后，如永州、宿州等市经济发展表现不佳，新余、资阳等市科技创新短板明显，雅安、昭通等市交流服务发展不畅，咸宁、铜陵等市生态支撑有待加强等。这类城市往往协同发展能力的提升空间较大，未来需准确定位城市自身的优势，克服限制其协同发展的短板领域，从而提升整体协同发展水平，如昭通、铜陵、雅安、眉山等城市应注重其周边乡村地区的高质量发展，以城带乡，推动高水平城乡融合；滁州、宜春、湘潭、宿州等城市应在生态文明建设方面加大力度，全面推进绿色低碳发展、污染防治、生态安全维护、现代环境治理体系构建等工作，增强生态支撑能力。

第六类城市：地方一般城市（得分 <8 分）

这一类别包括排名第 96 ~ 110 位的亳州、六安、巴中、淮南、怀化、广安、萍乡、荆门、娄底、邵阳、荆州、淮北、益阳、池州、随州，计 15 座城市。这类城市协同发展能力薄弱，与前五类城市相比差距显著。限制这类城市协同发展的因素主要有两个：一是经济基础薄弱，且科技创新短板明显，没有十分突出的优势领域；二是对外联系强度很低，交流服务能力较弱，城市职能以为本市范围服务的非基本职能为主，难以为发展注入动力。需要警惕的是，2022 年的协同发展能力得分提示了新的变化：在生态文明建设方面的弱势已经使亳州、淮南、荆门、荆州、淮北等城市处于协同能力发展相对滞后的不利地位，并成为这些城市协同能力等级降低的重要原因。这类城市未来亟待补齐短板、增强对外联系，积极融入区域整体的协同发展。

从等级分布来看，2022 年长江经济带城市等级分布呈现纺锤形分布特征（见图 3 - 2）。相较于 2020 年，2022 年区域重要城市的数量增加了 11 座，同时一般区域中心城市、地方重要城市和地方一般城市数量分别减少了 1 座、8 座和 2 座。处于协同发展能力中间等级的长江经济带城市数量扩大，表明 2022 年长江经济带城市协同发展能力分布较 2020 年更为均衡。而相较于 2021 年，2022 年区域重要城市、地方重要城市和地方一般城市的数量分别增加了 1 座、1 座和 5 座，同时一般区域中心城市数量减少了 7 座。尽管总体而言，2022 年长江经济带城市协同发展能力分布仍然较为均衡，但与 2021 年相比，协同发展能力较高的城市数量有所减少，协同发展能力较低的城市则有所增加。结合 2020 ~ 2022 年长江经济带城市协同发展能力得分的方差比较，2022 年长江经济带城市协同发展能力得分的方差为 65.72 分，小于 2020 年的 96.72 分和 2021

年的 79.59 分。这表明 2022 年长江经济带城市协同发展能力较近两年总体上更加均衡发展，原因可能有：第一，各地近年来积极贯彻国家发展战略，大力推进数字经济、战略性新兴产业发展与新型基础设施建设，为长江经济带各城市充分交流生产要素、推进产业结构转型升级提供了坚实的基础，从整体上提升了长江经济带城市的经济发展、科技创新和交流服务得分；第二，考虑农业机械化对乡村振兴和经济高质量发展的影响，先前协同能力较低、同时也是第一产业对经济发展具有重要贡献的城市，作为城乡区域协调发展的重要阵地，其实施以城带乡，推动城乡要素双向流动、促进城乡融合的潜力得以显现。然而，协同发展能力较高等级城市的减少及较低等级城市的增加也可能反映出两个问题：第一，尽管在数字经济、战新产业与"新基建"发展的加持下，长江经济带各城市的经济、科创与交流协同发展能力总体提高，但由于各地发展禀赋、资金投入与政策规划等方面有所差异，较低等级城市在发展速度和效率上依然与较高等级城市存在差距，因此在协同发展能力排名上相对落后；第二，铁路班次数量与生态文明建设情况已经成为制约协同发展能力较弱的长江经济带城市，特别是位于长江上游、中游的众多城市协同发展能力提升的关键短板。一方面，在新冠肺炎疫情常态化防控阶段，因疫情造成的城际交通流动减少对协同能力较低等级城市的影响更甚于对较高等级城市的影响。另一方面，协同能力较低等级的城市往往在产业结构上仍偏重传统产业，发展方式仍待转型升级，对生态文明建设的资金投入、政策规划、制度规范存在结构性缺乏，生态文明建设存在诸多体制机制障碍，污染防治与生态修复工作成效不够显著，生态支撑能力欠佳，陷入绿色低碳与高速发展的困局。

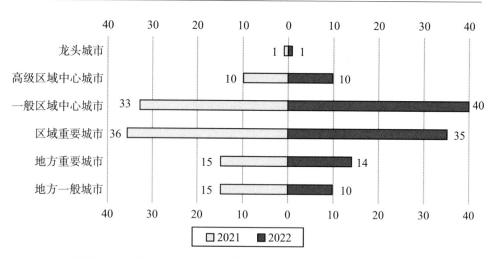

图 3 - 2　长江经济带城市等级分布情况（2021 ~ 2022 年）

　　从空间分布来看，长江经济带内上、中、下游城市的协同发展能力差异明显。长江下游地区是协同发展能力高值集聚区，以上海这一龙头城市为核心，杭州、南京、苏州、无锡、宁波、合肥等高级区域性中心城市密集分布，其余城市也大多位列一般区域中心城市，城市间协同发展能力均处于较高水平，整体上长江下游地区已步入区域一体化阶段。长江中游地区的协同发展能力居中，除武汉、长沙和南昌三个省会城市协同发展能力较强外，其余城市的协同发展能力并不突出，说明这一区域的协同能力受行政级别影响较大，城市间各种资源流动存在较大壁垒，市场调配资源的能力受到较大限制，处在非均衡发展阶段。区域核心城市对周边的"溢出效应"较差，更多体现为中心对周边的"虹吸效应"，此外，中游地区协同能力较高的城市呈现沿京广线和京九线带状分布的特征。长江上游地区的协同发展能力总体依然非常低，仅成都、重庆、昆明、贵阳等城市的协同发展能力较为突出，城市等级分布呈现明显断档，核心城市对周边地区的"虹吸效应"十分显著。该区域内城市主要位于中国地势的第一阶梯和第二阶梯，自然地理环境较为恶劣，长期以来城市发展受阻，属于低水平发展地区；加之较大的地形起伏使得该地区对外通达度和联系度较弱，受"路径锁定"效应的影响明显，该区域内协同发展能力的空间差异较大。总体而言，长江中上游地区较为普遍地实行"强省会"战略，确实有利于缓解劳动力等生产要素外流的处境，但是在集中资源建设强省会的过程中，省会溢出带动作用发挥比较有限，这也导致了中上游地区虽然存在协同发展能力得分很高的城市，但是城市等级分布断档严重，协同发展能力得分普遍较低。因此，在建设发展长江经济带城市的过程中，除了发挥长江的纽带作用，实现下游带动中上游的目标之外，也应该聚焦发挥中上游省会城市的"溢出效应"，普遍提升长江经济带中上游城市的协同发展能力。

第二节　专题领域协同发展能力排行榜

为深入了解不同城市协同发展能力在各细分领域的得分变化情况，笔者进一步分析在经济发展、科技创新、交流服务、生态支撑等领域前十名和后十名城市的协同能力，并分析各专题领域协同发展能力相比 2021 年的变化情况。

一、经济发展协同能力排行榜

长江经济带城市经济发展协同能力得分前十名的城市相比 2021 年发生了小幅波动，上海仍稳居首位，杭州次之（见表 3－2）。从空间分布看，三个城市位于长江经济带中上游区域，七个城市位于长三角区域，且长三角区域内的杭州、苏州、无锡、宁波、南京

2022 年均处于前十名且排名都不同程度地靠前。杭州由 2021 年的第 3 名上升到第 2 名，其发展的核心优势在于数字经济。杭州以数字化改革为引领，全面推进数字产业化、产业数字化和城市数字化"三化融合"。2021 年，杭州数字经济核心产业实现增加值为 4 905 亿元，主营业务收入突破 1.6 万亿元，增加值占全省比重近六成，占全市地区生产总值比重达 27.1%。相比 2021 年，重庆的排名由第 2 名降到第 7 名。从子指标上看，考虑到数字金融的大力发展，银行支行数难以反映一个城市经济发展状况的好坏，因此 2022 年剔除了该指标，并把企业城际投资额纳入衡量经济协同发展能力的指标体系。在新发展格局下，外部环境的动荡使得全球经济深陷"长期性停滞"格局，加快区域集团化发展，加强长江经济带内部

表 3 - 2　　　　长江经济带城市经济发展协同能力
前十和后十榜（2022 年）

前十名				后十名			
排名	城市	得分	所在省市	排名	城市	得分	所在省市
1	上海	81.11	上海	101	益阳	9.64	湖南
2	杭州	65.39	浙江	102	娄底	9.15	湖南
3	苏州	56.56	江苏	103	张家界	9.14	湖南
4	无锡	52.27	江苏	104	广元	9.07	四川
5	武汉	48.15	湖北	105	怀化	8.55	湖南
6	宁波	47.37	浙江	106	六安	8.47	安徽
7	重庆	45.97	重庆	107	宿州	7.64	安徽
8	成都	45.34	四川	108	淮北	7.30	安徽
9	南京	43.59	江苏	109	淮南	6.65	安徽
10	绍兴	33.06	浙江	110	亳州	6.63	安徽

城市之间的经济合作是提升区域产业发展安全的必要举措，其中一个最直观的体现就是城际企业投资额。重庆相比其他城市在银行支行数方面具备绝对优势，但是企业城际投资额在整个长江经济带的排名为第 20 名，这可能是导致其排名相比 2021 年下降的原因。经济协同发展能力排名靠后的城市需重视并鼓励区域内部城市间的投资合作，使得区域内部在产业链不同环节形成逐渐稳固的强联系，进而增强产业链供应链安全。绍兴的排名由 2021 年的第 12 名上升到第 10 名，在制造业 500 强总部数量、综合 GDP 水平、社会消费品零售额上排名相比 2021 年均稳步上升，反映了杭—绍—甬经济走廊在浙江经济发展中的作用逐步凸显。

后十名城市相比 2021 年发生了较大变化。五个位于长江经济带中上游区域，五个位于长三角区域。湖南除张家界外，益阳、娄底、怀化也步入后十名榜单。这些新加入的城市在企业城际投资额和农业机械总动力的排名均靠后。安徽的六安、宿州、淮南、淮北和亳州除了企业城际投资额和农业机械总动力排名靠后外，受上海、合肥等城市的"虹吸"作用影响较大，导致其综合 GDP 水平和社会消费品零售额等经济指标均得分较低。在新经济发展格局下，经济发展协同能力较弱的城市需着力发掘自身的比较优势，积极融入区域经济发展大局，否则很容易失去经济发展的竞争力。总之，排名的变化除了能够展示长江经济带各城市经济发展协同能力的差异，也警示各个城市在新发展格局下要顺势而为，形成追赶超越的良性竞争氛围。

二、科技创新协同能力排行榜

在科技创新领域，长江经济带前十名城市的总体得分相比 2021

年小幅下降（见表 3－3）。从空间分布看，与 2021 年相比，前十名的分布基本变动不大，依旧有六个城市位于长三角区域，四个位于长江经济带中上游区域，"一超多强"的协同创新格局逐渐凸显。从位序变化看，重庆赶超宁波位于第 8 名，上海、南京、杭州、武汉、成都、苏州、合肥、长沙八个城市的科技创新协同能力排名未发生变动。上海科技创新协同能力综合得分仍处于长江经济带首位，且与第 2 名南京的得分差距由 2021 年的 2.0 倍扩大到 2.2 倍。具体来讲，在从事科技活动人员数量方面，上海与南京的差距由 2021 年的 3.12 倍扩大到 3.36 倍，在"双一流"学科建设、财政科技资金投入、合作专利申请量等方面的差距未发生较大波动。此外，第 2 名与第 10 名的得分差距相比 2021 年在缩小，差距由 2021 年的 29.73 分降到 25.48 分。前十名城市作为区域创新高地，创新资源丰富，为充分发挥创新在提升产业链安全方面的核心驱动作用，须加快探索长江经济带内部处于科技创新协同能力前十榜的城市间以及邻近城市间跨行政边界的本地—跨界协同创新模式与机制。

表 3－3　　　　长江经济带城市科技创新协同能力前十和后十榜（2022 年）

前十名				后十名			
排名	城市	得分	所在省市	排名	城市	得分	所在省市
1	上海	91.58	上海	101	保山	0.31	云南
2	南京	41.02	江苏	102	资阳	0.30	四川
3	杭州	35.33	浙江	103	丽江	0.29	云南
4	武汉	35.03	湖北	104	随州	0.29	湖北
5	成都	32.79	四川	105	临沧	0.28	云南
6	合肥	23.84	安徽	106	遂宁	0.24	四川

续表

前十名				后十名			
排名	城市	得分	所在省市	排名	城市	得分	所在省市
7	苏州	22.08	江苏	107	广元	0.24	四川
8	重庆	16.46	重庆	108	广安	0.22	四川
9	宁波	16.41	浙江	109	巴中	0.22	四川
10	长沙	15.54	湖南	110	张家界	0.14	湖南

后十名城市均处于长江经济带中上游区域，其中有五个城市位于四川。与2021年相比，四川的资阳、遂宁、广元、巴中、广安依旧处于榜单后十名，反映了四川的创新资源空间极化现象依旧突出，成都对省内其他城市的极核引领作用还未初见成效。资阳、遂宁、广元、广安和巴中五个城市在财政科技支出、从事科技活动人员数量以及合作专利申请数量等方面均与目标值相差较大，科技创新协同能力亟须提升。资阳与成都毗邻，广元、巴中、遂宁以及广安距离成都相对较远，位于边缘位置。成德眉资综合试验区建设在科技创新领域还未充分发挥对资阳的辐射带动作用，甚至因"虹吸"作用导致资阳的科技创新协同能力不升反降。广元、巴中、遂宁和广安等城市受区域先决条件严重制约，科技创新协同能力较差。作为长江经济带最西端的省份云南在科技创新协同发展方面利用自身比较优势大力开展区域协同创新合作，目前只有保山和临沧位于后十榜。保山和临沧由于毗邻云南少数民族聚集区，地理位置偏远，与区域内其他城市开展科技协同创新成本较大，导致科技创新协同能力较弱。

三、交流服务协同能力排行榜

新发展格局下，通过增强城市交流服务能力，为在流域内部从更广范围内集聚更多优势资源提供支撑条件。从空间分布看，前十名城市的空间分布相对均衡，五个位于长三角区域，五个位于长江经济带中上游区域（见表3-4）。从位序变化看，上海的交流服务协同能力仍处于榜首，成都次之。上海的交流服务协同能力得分相比2021年明显增加，其他九个城市均有所下降。上海除新基建发展水平、铁路班次数量、机场客货运量等方面得分处于领先位置，互联网用户数得分相比2021年大幅增加。随着拼多多、携程、哔哩哔哩（B站）、米哈游、小红书、喜马拉雅、叮咚买菜、东方财

表3-4　　　长江经济带城市交流服务协同能力

前十和后十榜（2022年）

前十名				后十名			
排名	城市	得分	所在省市	排名	城市	得分	所在省市
1	上海	94.13	上海	101	景德镇	13.74	江西
2	成都	64.05	四川	102	荆门	13.21	湖北
3	重庆	61.42	重庆	103	资阳	13.19	四川
4	杭州	57.34	浙江	104	巴中	12.84	四川
5	南京	54.63	江苏	105	荆州	12.65	湖北
6	武汉	52.76	湖北	106	雅安	12.41	四川
7	贵阳	45.17	贵州	107	临沧	11.78	云南
8	合肥	43.93	安徽	108	昭通	11.28	云南
9	苏州	43.55	江苏	109	鄂州	10.94	湖北
10	长沙	43.28	湖南	110	萍乡	9.59	江西

富网等一批优质互联网企业迅速成长，丰富了上海经济版图。互联网用户数得分相比2021年增加得益于这些优质互联网企业在垂直细分领域显现出集聚效应。贵阳的排名由2021年的第13名跃升到第7名。从基础指标变化看，贵阳铁路班次得分由2021年的39.07分增加到2022年的63.62分，互联网用户数得分由2021年的13.85分增加到2022年的19.38分，其他指标得分基本保持稳定。贵阳在交流服务领域的快速提升，为其与长江经济带内其他城市在经济、科技、生态等领域进一步交流合作提供了基础保障。

后十名城市均位于长江经济带中上游区域。相比2021年，景德镇、巴中、萍乡、雅安、临沧仍处于榜单的后十名，受地理位置、自身经济发展水平低等因素制约，其交流服务各项指标得分均较低。湖北省荆门、荆州和鄂州属于2022年新进入该榜单的城市，其交流服务协同能力得分下降既与其自身交流服务协同能力比较脆弱有关，又与2021年位于榜单后十名的扬州、毕节、淮安、攀枝花和孝感等城市新基建水平得分的提升有关。新基建主要体现在产业端，它与人口、资本、产业都具有强相关性。然而，部分城市开通城际高铁后，由于与大城市的"距离"拉近，反而加速了人口流失，导致自身交流服务能力较弱的一些城市在新基建发展方面处于保守态度。但从长远角度看，通过新基建提升城市交流服务协同能力，是统筹推进经济社会发展的重要举措。

四、生态支撑协同能力排行榜

长江经济带作为我国经济发展最强劲的增长带。在长江经济带践行"绿水青山就是金山银山"的发展理念，牢固树立保护生态环境就是保护生产力，改善生态环境就是发展生产力的发展思维，有利于带动全国更高质量绿色发展。2022 年度把生态文明建设示范区数量纳入评价体系。与 2021 年相比，长江经济带生态支撑协同能力整体上稍有向好。舟山、保山、丽江、普洱、镇江仍位居榜单前十名（见表 3 - 5），且榜单前十的城市中有五个位于长三角区域，相比 2021 年增加了两个。然而前十名城市在生态支撑协同发展方面得分的差距在拉大，第 1 名和第 10 名之间得分的差距由 2021 年的 2.5 分增加到 12.09 分。2022 年度新进入前十名的城市常州、无锡、遵义生态支撑协同能力得分的迅速增加均得益于环保投入和生态文明建设示范区数量得分较高。2021 年位于榜单前十名的赣州、内江、景德镇以及宁波在生态文明建设示范区数量得分方面均较靠后。城市生态支撑协同能力的发展体现在多个方面，单一指标的优势并不能代表该城市的生态支撑协同能力较好。在绿色转型的背景下，各个城市需要从增加环保投入、降低能耗、提升空气质量、增加生态文明示范区数量等多个维度着手实现高质量绿色发展。

表 3 - 5　　　　长江经济带城市生态支撑协同发展能力
前十和后十榜（2022 年）

前十名				后十名			
排名	城市	得分	所在省市	排名	城市	得分	所在省市
1	舟山	27.48	浙江	101	眉山	5.64	四川
2	镇江	19.44	江苏	102	徐州	5.64	江苏
3	普洱	17.50	云南	103	黄冈	5.45	湖北
4	丽江	17.17	云南	104	孝感	5.34	湖北
5	常州	17.17	江苏	105	荆州	5.15	湖北
6	保山	16.86	云南	106	娄底	5.13	湖南
7	扬州	16.12	江苏	107	新余	5.12	江西

续表

前十名				后十名			
排名	城市	得分	所在省市	排名	城市	得分	所在省市
8	遵义	15.84	贵州	108	咸宁	5.01	湖北
9	无锡	15.53	江苏	109	池州	4.92	安徽
10	安顺	15.39	贵州	110	铜陵	4.03	安徽

后十名城市中有三个位于长三角区域，七个位于长江经济带中上游区域。铜陵、池州产业结构和能源结构调整成效甚微，生态支撑协同能力仍垫底。从具体指标变化看，铜陵的环保投入得分相比2021年小幅增加，但得分排名由2021年的第51名下滑到第78名。池州的环保投入得分由2021年的10.55分下降到6.47分，相应的得分排名由第28名下降到第45名。合理的环保投入是实现清洁生产和节能减排的重要保障，但是只有环保投入与制约绿色发展的共性或者"卡脖子"技术挂钩，推动关键绿色技术取得突破并尽早落地应用，才能真正发挥其价值。生态环境保护关乎国家的发展大计，对于生态环境问题严重的区域，既要继续加大环保投入，又要借助数字经济、绿色技术创新等手段，本着优化产业结构和能源结构的目标，推动持续的产业绿色重组。

五、不同领域协同能力的相关关系

长江经济带经济发展、科技创新、交流服务与生态支撑四个分领域是否能够协同发展，事关国家发展大局。对经济发展、科技创新、交流服务与生态支撑四个分领域的相关关系进行分析能够更加全面地揭示长江经济带整体协同能力的发展状态。四个专题领域，两两之间均呈现不同程度正相关关系（见图3-3）。交流服务能力与科技创新能力相关系数最强，由 2021 年的 0.87 上升到 0.88，反映了在"双循环"大背景下区域内部的交流服务能力对于创新主体互动交流起到重要的支撑作用。便利的交流服务配套软硬设施等产生的时空压缩对科技创新的促进作用凸显。经济发展与交流服务之间具有显著的正相关关系，相关性系数次高，为 0.84。经济协同能力排名前十的城市中有七个位于交流服务协同能力排名的前十榜，反映了以新基建等为代表的交流服务设施在应对经济结构转型升级方面的核心驱动作用。经济发展与交流服务能力的高度协同才能促进产业可持续发展。生态支撑协同能力与其他三个领域的协同联动与 2021 年一样仍呈现出弱正相关关系。虽打破了长期以来生态支撑能力与其他三者的负相关关系的局面，但与实现"绿水青山就是金山银山"，发挥生态系统对经济发展、科技创新和交流服务的服务价值还存在很大差距。具体来讲，经济发展与生态支撑能力之间相关系数为 0.14，反映了全流域整体上更加自觉、更加创造性地践行"共抓大保护，不搞大开发"取得阶段性成果。科技创新与生态支撑能力之间的相关系数为 0.10，仍呈弱正相关关系，表明以科技创新，尤其是通过绿色技术创新优化产业结构、能源消费结构实现区域高质量绿色发展仍任务艰巨。交流服务与生态支撑之间的相关系数为 0.11，高于科技创新与生态支撑的相关关系，表明在绿色转型大背景下，无论是机场、铁路等传统交流服务基础设施还是 5G基站、特高压、城际高速铁路和城市轨道交通、新能源汽车充电桩、大数据中心、人工智能、工业互联网等现代交流服务基础设施都开始将生态环境基础设施纳入其发展体系，但是生态环境基础设施公益性较强，处于严重供给不足状态。未来需要继续秉承长江经济带绿色发展战略，加强经济发展、科技创新、交流服务与生态支撑领域的协同关系，不同城市间要形成优势互补、梯度发展的格局，协同推进长江经济带更高质量的绿色发展。

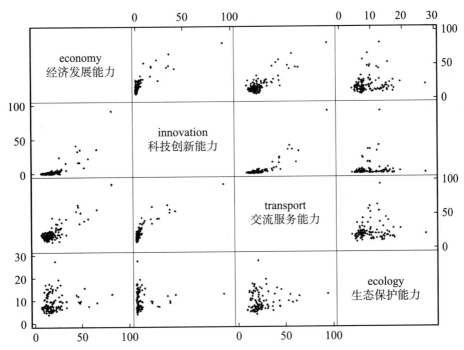

图3-3 长江经济带城市协同发展能力四个专题领域相关关系（2022年）

第三节 协同发展能力的空间关系分析

一、空间集聚性效应

笔者借助全局莫兰指数对长江经济带110个地级及以上城市协同发展能力的空间相关性进行分析。全局莫兰指数可以描述所有的空间单元在整个区域上与周边地区的平均关联程度，取值范围介于-1~1之间。若其数值大于0，则说明城市协同发展能力存在正向的空间相关性，发展水平较高的城市集聚在一起，发展水平较低的城市集聚在一起。数值越大说明空间分布的正自相关性越强，集聚的强度也越强。若其数值小于 0，则说明城市协同发展能力存在空间负自相关，城市协同发展能力高的城市和城市协同发展能力低的城市集聚在一起，数值越小则说明各空间单元的离散性越大；若其数值为 0，则说明城市协同发展能力服从随机分布，地区间不存在相关关系。

从长江经济带 110 个地级及以上城市协同发展能力以及四大领域的协同发展能力全局莫兰指数可以看出，长江经济带城市协同发展水平具有显著的空间自相关性（见表 3 - 6），说明长江经济带 110 个城市的协同发展能力在空间分布上呈现出集聚现象，协同发展能力存在正向的空间溢出效应。

表 3 - 6　　　　　　　　长江经济带城市协同发展能力
全域莫兰指数（2022 年）

专题领域	Global Moran's I	P 值
城市协同发展能力	0.107	0.003
经济协同发展能力	0.213	0.000
科创协同发展能力	0.041	0.096
交流服务协同能力	0.050	0.088
生态支撑协同能力	0.259	0.000

注：使用的空间权重矩阵为各城市距离平方的倒数。

从四大领域莫兰指数的计算结果可以看出，长江经济带的经济发展协同能力和生态支撑协同能力在 1% 水平下呈现出显著的空间正向自相关性，说明长江经济带 110 个城市的经济发展和生态支撑领域在空间分布上呈现出显著的集聚现象，经济发展和生态支撑存在正向的空间溢出效应。科技创新和交流服务协同发展能力的莫兰指数在 10% 水平下显著，说明长江经济带城市科技创新协同发展能力和交流服务协同发展能力也存在一定的空间集聚的现象，但与经济发展和生态支撑相比表现较弱。相比于 2020 年，交流服务的空间集聚效应得到了进一步强化，主要原因是经济发展水平更高的城市往往具备更强的财政支付能力和支付意愿来开展新基建建设。

二、空间异质性效应

全局莫兰指数仅能反映某一属性整体的空间自相关性。为了探究具体地区的空间依赖性，笔者借助局部莫兰指数对城市协同发展能力以及四大领域的空间依赖性进行描述。局部莫兰指数的计算结果通常采用散点图的形式表示，位于第Ⅰ象限的城市属于"高—高"组合，表明协同发展能力高的城市集聚在一起；位于第Ⅲ象限的城市属于"低—低"组合，表明协同发展能力低的城市集聚在一起；位于第Ⅱ象限的城市属于"低—高"组合，表示城市协同发展能力低的城市被高能力城市包围；位于第Ⅳ象限的城市属于"高—低"组合，表明城市协同发展能力高的地区被低能力的地区包围。

长江经济带协同发展能力局部莫兰指数的计算结果表明，四个象限中均存在一定数量的城市，说明长江经济带同时存在四种集聚类型的城市（见图 3 - 4）。相较于 2021 年，各城市所属象限未发生较大变化。

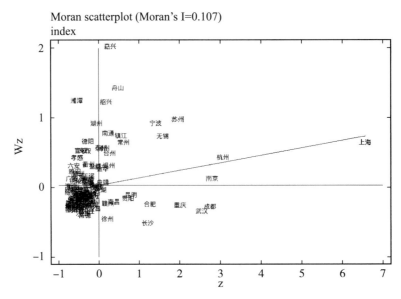

图 3 - 4　长江经济带协同发展能力指数局部莫兰指数散点图（2022 年）

　　第 I 象限的城市包括上海、杭州、南京、苏州、无锡、舟山、嘉兴等，这些城市全部位于长三角地区，属于"高—高"集聚类型。位于第 I 象限的城市在城市协同发展能力排行榜中均位居前列，属于城市分类中的龙头城市、高级区域中心城市和一般区域中心城市。这些城市自身具有较高的发展水平，且邻近地区也具有较高的发展水平，这类城市的发展为周边地区提供了正向的空间溢出效应，带动了区域协同发展水平的整体提升，实现了区域城市的一体化发展。

　　第 II 象限的城市包括湘潭、孝感、六安等，这些城市在协同发展能力排行榜中位居下游，发展水平相对落后。从地理位置来看，第 II 象限的城市多位于区域中心城市或区域重要城市的周边，属于"低—高"组合。这些城市往往具备一定的资源禀赋，但由于地理位置邻近区域中心城市或区域重要城市，当地的优势资源在集聚效应作用下流向能级更高的城市，导致这些城市的协同发展能力无法实现有效提升。

第Ⅲ象限的城市包括邵阳、随州、常德、乐山等，属于"低—低"集聚类型。这些城市多属于地方一般城市，多分布于长江经济带的中西部地区，且与区域中心城市的距离相对较远。由于这些城市自身发展基础相对薄弱，且无法有效接受区域中心城市的辐射带动作用，这些城市的发展问题成为长江经济带实现高质量协同发展的一大障碍。

第Ⅳ象限的城市包括合肥、长沙、武汉、成都、昆明等城市，属于"高—低"集聚类型，其特点是自身发展能力强，但周边地区发展水平相对落后。这些城市多为中西部地区的省会城市，在城市发展能力排行榜中位居上游，多属于一般区域中心城市。省会城市往往享受到更多的政策倾斜，从而在城市发展过程中集聚更多资源。近年来，在"强省会"战略引导下，中西部地区省会城市与周边城市的发展差距越来越大，导致省会城市不仅不能辐射带动周边城市发展水平的提升，反而抢占了周边城市的优势资源，阻碍了周边城市的发展。

长江经济带城市四个领域的局部莫兰指数散点图表明，经济发展和交流服务这两大板块的城市分布基本一致，在一定程度上反映出经济发展和交流服务的互动关系（见图3-5～图3-8）。在这两大板块的计算结果中，位于第Ⅰ象限的城市多为长三角地区的城市，这些城市无论是经济发展水平还是交流服务水平均呈现出与周边城市一体化的高水平发展态势，有效推动了长三角区域高质量一体化发展。位于第Ⅱ象限的城市多位于省会城市的周边，行政地位的不平等和发展基础的差异性导致这些区域难以把握发展机遇。位于第Ⅲ象限的城市多位于中西部地区，这些城市的经济基础及其基础设施建设相对薄弱，同时无法有效接受区域中心城市的辐射带动作用。位于第Ⅳ象限的城市多为中西部地区的省会城市，这些城市在政策支持下得到了较快的发展，挤占了周边城市的发展机会，使得区域内部发展差距扩大。

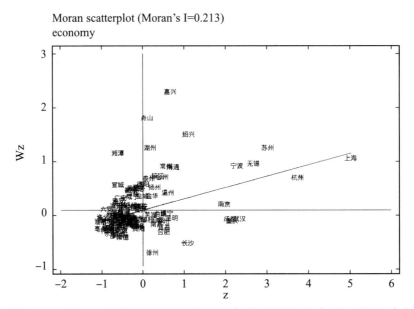

图 3 - 5　长江经济带经济发展领域局部莫兰指数散点图（2022 年）

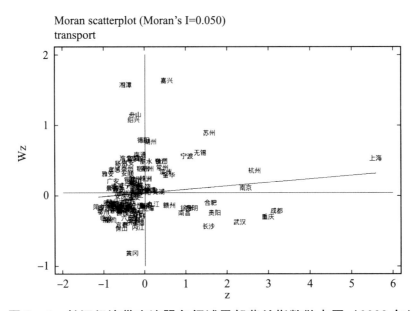

图 3 - 6　长江经济带交流服务领域局部莫兰指数散点图（2022 年）

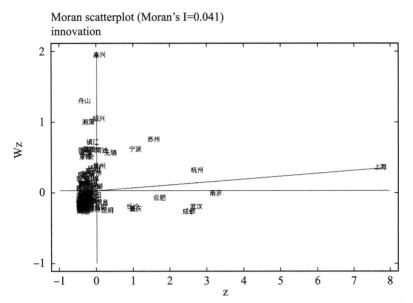

图 3 - 7　长江经济带科技创新领域局部莫兰指数散点图（2022 年）

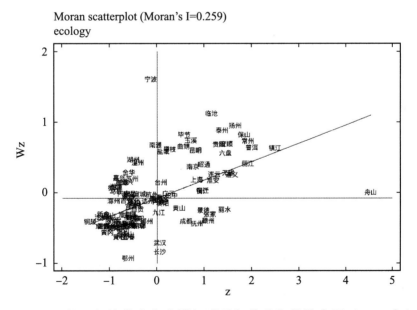

图 3 - 8　长江经济带生态支撑领域局部莫兰指数散点图（2022 年）

在科技创新领域，位于第 I 象限的城市包括上海、苏州、杭州、宁波和无锡。这些城市均位于上海大都市圈内部，集聚了丰富的创新资源，区域内部实现了科技创新的一体化发展，有效落实了创新驱动发展战略。位于第Ⅱ象限的城市包括舟山、湘潭、镇江等。这些城市的科技创新能力在长江经济带位居中上游水平，但由于这些城市在地理位置上紧邻区域中心城市，因此形成了"低—高"集聚类型。位于第Ⅲ象限的城市属于科技创新"低—低"集聚类型，邻近区域内缺乏创新资源，难以实现创新驱动式发展。位于第Ⅳ象限的城市包括武汉、合肥、南京、成都等省会城市，这些城市属于一般区域中心城市。一方面，这些城市在区域内部处于领先发展水平，对区域内部的创新资源产生强大的集聚效应；另一方面，这些城市往往能够得到倾斜性的政策支持，从而在科技创新方面与周边城市拉开差距。

在生态支撑领域，位于第Ⅰ象限的城市既有上海、南京、常州、舟山等长三角地区的发达城市，也有贵阳、毕节、昆明、普洱等西南地区的城市。一方面说明长三角地区的城市实现了生态环保与经济的协同发展，另一方面也体现出西南地区拥有丰富的生态资源，是未来践行"两山"理论的重要区域。位于第Ⅱ象限的城市有宁波、湖州、金华、嘉兴等城市，这些城市多位于长三角地区。这些城市受到空气质量和气象灾害的影响，生态协同发展能力多位于中游水平。位于第Ⅲ象限的城市包括铜陵、鄂州、黄冈等，这些城市多位于长江中游地区。这些城市不加筛选地承接了沿海地区的大量产业转移，导致当地生态环境遭受一定程度的破坏，目前面临经济发展和环境保护的双重压力。位于第Ⅳ象限的城市包括景德镇、黄山、丽水、张家界等城市。这些城市的主导产业多以文旅产业为主，因此在生态表现方面与周围的工业城市形成了鲜明的对比，形成了"高—低"集聚的现象。

三、城市子群空间格局

由 2016 年 3 月中共中央政治局审议、2016 年 9 月印发的《长江经济带发展规划纲要》将长江经济带划分为长三角城市群、长江中游城市群和成渝城市群三个一级城市群。根据 2016 年 5 月国务院发布的《长江三角洲城市群发展规划》、2015 年 4 月国务院批复的《长江中游城市群发展规划》和 2016 年 3 月国务院常务会议通过的《成渝城市群发展规划》的城市群划分办法，并结合城市流、城市相互联系的强弱，笔者将长江经济带划分为三个一级城市群和十个二级城市子群（见图 3 - 9）。十个二级城市子群为：南京城市子群、杭州城市子群、合肥城市子群、苏锡常城市子群、宁波城市子群、武汉城市子群、环长株潭城市子群、环鄱阳湖城市子群、成都城市子群、重庆城市子群。其中 2022 年长江经济带十个城市子群协同发展能力指数排名见表 3 - 7。

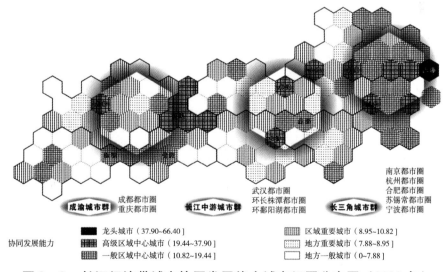

图 3 - 9   长江经济带城市协同发展能力城市组团分布图（2022 年）

表 3 - 7　　　长江经济带十个城市子群协同发展能力指数（2022 年）

城市子群	城市协同发展能力	经济发展协同发展能力	科技创新协同发展能力	交流服务协同能力	生态支撑协同能力
南京城市子群	22.34	30.18	16.07	33.36	16.05
杭州城市子群	20.02	36.95	12.16	33.53	7.57
合肥城市子群	15.54	21.25	10.20	31.15	6.66
苏锡常城市子群	24.24	45.09	12.10	37.85	13.40
宁波城市子群	18.80	31.12	7.18	28.88	15.49
武汉城市子群	11.83	21.23	5.02	20.51	6.58
环长株潭城市子群	10.65	14.65	3.41	22.83	7.12
环鄱阳湖城市子群	10.11	15.43	1.67	20.23	8.25
成都城市子群	11.59	19.19	2.93	21.70	8.45
重庆城市子群	29.33	45.97	16.46	61.42	9.70

　　长三角城市群包含五个二级子群，分别为：南京城市子群、杭州城市子群、合肥城市子群、苏锡常城市子群、宁波城市子群。五个二级城市子群的协同发展均处于较高水平，城市协同发展能力指数均值囊括了第 2 名至第 6 名，同时城市子群间有较强的关联性（见表 3 - 7）。

　　苏锡常城市子群的协同发展能力平均指数为 24.24，协同发展能力平均指数在十个二级城市子群中位列第 2，仅次于重庆子群。南京城市子群协同发展能力平均指数为 22.34，位列第 3 名，其余三个二级城市子群的协同发展能力平均指数位列第 4～6 位。长三角城市群的五个二级子群总体排名靠前，协同发展能力较强。苏锡常城市子群在经济发展、交流服务、科技创新、生态支撑 4 个领域协同发展能力都较强，分别位于第 2、2、4、3 名。杭州城市子群在经济发展、交流服务、科技创新三个领域的协同能力得分平均指数和排名都与苏锡常城市子群接近，且在这三个领域均在十个城市子群中排名第3，但其在生态支撑领域排名略微靠后，位列第7名。而南京城市子群也是在四个方面均表现良好，在经济发展、交流服务、科技创新、生态支撑领域均处于十个城市中前5的位置，其中经过这几年的治理，南京城市子群的生态支撑协同能力已经跃居为十座城市子群之首。

宁波城市子群与合肥城市子群相较于长三角地区其他三个二级子群，协同发展能力平均指数排名靠后。但生态支撑协同方面，宁波城市子群位居十个二级城市子群第2名，合肥城市子群的生态支撑领域协同能力较差，排在十个二级城市子群中的第9位。而在经济、交流、科创三个方面可能是受到长三角地区其他二级城市子群的影响，也位于十个二级城市子群的中游阶段。宁波城市子群在生态支撑领域协同创新能力处于较高水平，得益于宁波、台州和舟山在生态保护方面的共同努力。宁波始终把生态文明建设作为全市重大战略部署，从污染防治和调整全市生态保护红线等方面提高生态环境质量。台州通过着重加大生态保护和修复力度，从保护耕地、推进国土绿化、创建海洋生态示范区和保护生物多样性等多方面推进生态环境保护，成效显著。舟山将以生态文明示范创建为载体，不断加快生态建设与保护的步伐。

综合来看，长三角城市群总体协同水平较高，各二级城市子群在经济发展领域、科技创新领域和交流服务领域均名列前茅，但在生态支撑领域协同发展水平存在较大差异，杭州城市子群与合肥城市子群在生态支撑领域的协同发展能力处于十个二级子群中靠后的位置。因此，长三角城市群在高质量协同发展过程中在继续推进经济发展、科技创新和交流服务协同发展能力提高的同时，更需要注重进一步加大生态环境保护的力度。

　　长江中游城市群包括三个二级子群，分别为：环长株潭城市子群、环鄱阳湖城市子群以及武汉城市子群。三个二级城市子群的协同发展水平次高，各城市子群间的关联性较弱。三个二级子群的城市协同发展能力指数均值排名较为靠后，环长株潭城市子群、环鄱阳湖城市子群以及武汉城市子群在十个二级城市子群中分别位居第9、10、7位。三个二级城市子群在经济发展、科技创新、交流服务、生态支撑四个领域协同发展水平均处于较为落后的位置。环鄱阳湖城市子群作为长江中游城市群中生态支撑领域协同发展水平最好的城市子群，仅位列第6名，武汉城市子群较十个二级子群而言，在生态支撑领域协同发展水平上处于第10位，其生态支撑领域协同发展能力较差。

　　环长株潭城市子群包括长沙、株洲以及湘潭等8个城市，长沙城市子群内部仍存在城市间错位发展的格局。长沙在总体协同发展较其他城市具有更高水平，位列所有城市排名的第11名，长沙在经济发展、交流服务和科技创新领域的协同发展能力上持续维持较高水平。株洲在110个城市协同发展能力排名中位列第31名，在交流服务领域的协同发展能力相对较强。

　　环鄱阳湖城市子群包括南昌、景德镇和萍乡等10个城市，环鄱阳湖城市子群协同发展能力均值为10.11，在长江经济带十大二级城市子群中为最后一名，协同发展能力水平较差。南昌、上饶以及九江等城市的协同发展水平在子群内排名较为靠前，分别为第15名、第43名和第26名，其余城市排名相对集中且靠后。环鄱阳湖城市子群中的城市在各领域存在错位发展，鹰潭、抚州以及景德镇在生态支撑领域协同发展能力表现良好，在经济发展、科技创新以及交流服务领域不存在优势。吉安、九江等城市发展较为均衡，缺乏特长。

武汉城市子群包含武汉、黄石和鄂州等 10 个城市。武汉城市子群协同能力均值为 11.83，在长江经济带十大二级城市子群中居于第七位。武汉城市子群内部城市发展差异较大，武汉城市协同发展能力位列 110 个城市中的第 5 名，在各领域协同发展水平遥遥领先于其他城市。襄阳、宜昌两座城市协同发展能力在 110 个城市中排位稍微靠前，分别为第 36 名和第 40 名。其余城市协同发展水平较为接近，且与武汉协同发展水平存在较大差距，说明中心城市独大的区域其协同发展能力有限。

长江中游城市群各子群呈现多中心特征，城市子群在协同发展中进行分工互补，由此带来城市子群之间的差异性。长江中游城市群在总体协同水平表现一般，在经济发展、科技创新、交流服务、生态保护领域均位居中下游。因此，长江中游城市群的高质量协同发展应同时加强经济发展、科技创新、交流服务以及生态支撑领域的协同发展能力，进一步提高长江中游城市群协同发展水平。

成渝城市群包括成都城市子群和重庆城市子群两个二级城市子群，城市子群间存在较弱的关联性。因为重庆城市子群只包括重庆一座城市，其总体协同发展水平较高。重庆城市子群在总体协同发展水平位居十大二级子群榜首，在经济发展、科技创新以及交流服务领域均位居第 1 位，在生态保护领域协同发展能力指数排名第 4 位。成都城市子群包含成都、自贡以及泸州等 15 个城市，协同发展能力较差，位居第 8 位，其在生态保护协同发展能力表现也并不明显，位居第 5 位，在经济发展、科技创新、交流服务等领域协同发展能力表现较为一般。成都城市子群内部城市协同发展能力差异大，成都的城市协同发展位列 110 个城市中的第 4 名，在各领域协同发展水平领先于其他城市。其余城市群存在位列 110 个城市排名中游位置的城市，也存在位列 110 个城市排名末位的城市，且这些城市均与成都的协同发展水平存在较大差距。

成渝城市群内的协同发展能力差异较大，不同城市呈错位发展格局，存在以成都、重庆两大城市为双核的结构。成都、重庆在经济、科创和交流服务领域具有较高的综合实力，其他城市与这两座城市的协同发展能力差距很大。此外，遂宁、南充以及资阳在生态支撑领域存在较大优势。未来成渝城市群需进一步在经济、科创、交流服务与生态保护领域提高协同发展能力，促进成渝城市群总的协同发展能力的提升。

第四章 全面推动长江经济带协同发展的对策建议

2020 年，习近平总书记在江苏省南京市召开的全面推动长江经济带发展座谈会上提出，要"使长江经济带成为引领经济高质量发展的主力军"。2021 年长江经济带 11 省市经济总量占全国的比重为 46.6%，对全国经济增长的贡献率达到 50.5%。实现长江经济带高质量发展成为关系国家发展全局的重大战略和行动指南。对长江经济带 110 个地级以上城市协同发展指数的研究分析表明，当前长江经济带仍存在产业链供应链不够安全高效、生态安全与经济发展难以有效兼顾、流域创新体系整体效能有待提升、协同开放双循环新格局有待完善等困难，针对上述问题提出以下建议。

第一节 发挥龙头企业的引领支撑作用

发挥龙头企业的引领支撑作用，协同保障产业链供应链安全高效。

一、发挥大型国企、央企"领头雁"作用，提升优势产业领域领先地位

一是要学习借鉴中国宝武钢铁集团、中国节能环保集团等重组整合经验，科学采用横向同业间合并、纵向产业链上下游合并、协作共享联合组建等模式，有序推动长江经济带内大型国企、央企联合重组，培育一批具备可持续发展竞争力的世界一流企业。二是要充分发挥大型国企、央企在规模、技术、产业链、供应链等方面的综合优势和"领头雁"作用，尤其是在产业基础再造、重大技术装备攻关、战略性资源供应等方面的"定海神针"和主体平台功能，巩固和提升长江经济带内城市在现代化工与新材料、现代纺织、汽车、装备制造、新能源等优势产业的领先地位。

二、加大优质专精特新企业培育力度，构建先进制造产业集群网络

一是长江经济带9省2市要持续加大对先进制造业集群建设的支持力度，尤其是对龙头骨干民营企业、"专精特新""隐性冠军"等优质企业的支持力度，探索实施战略性集群重点企业"白名单"制度，形成集群优质企业梯度培育格局，围绕新一代信息技术、人工智能、生物技术、新能源、绿色环保等战略性新兴领域，新培育一批国家级先进制造业集群。二是要破除行政壁垒，建立跨行政区的先进制造业集群联合建设机制，实施先进制造业集群网络建设行动，推动长江经济带物联网、集成电路、软件和信息服务、新型电力（智能电网）装备、先进轨道交通装备、工程机械、纳米新材料、生物医药等26个国家先进制造业集群，从以一个园区、一座

城市为单元的据点式发展迈向以都市圈、城市群乃至全流域的网络化发展。

第二节　发挥各级政府的主导作用

发挥各级政府的主导作用，协同促进生态安全与绿色发展。

一、压实地方政府生态环境保护职责，深入打好长江保护修复攻坚战

一是要压实地方政府的生态环境保护职责，充分发挥各级政府主导作用，完善省负总责、市县抓落实的长江保护修复攻坚机制，健全生态环境、发展改革等相关部门协调工作机制，严格落实《深入打好长江保护修复攻坚战行动方案》。二是科学设定生态环境保护标准，因地制宜制定地方水污染物排放标准，鼓励指导有关地方制定差别化的流域性环境标准和行业污染排放管控要求，合理设置过渡期，分阶段逐步加严，落实生态环境损害赔偿制度，切实追究生态环境修复和赔偿责任。三是加大资金支持与保障力度，各级政府通过设立专项资金、探索绿色金融、政策性金融等方式加大对长江保护修复攻坚战支持力度。

二、建立健全生态资金投入和补偿机制，加快生态服务产品价值实现

一是总结借鉴浙江丽水生态产品价值实现机制试点经验，加快制定长江经济带生态系统生产总值（GEP）核算技术规范，鼓励生

态产品供给地和受益地按照自愿协商原则，综合考虑生态产品价值核算结果、生态产品实物量及质量等因素，开展跨省横向生态保护补偿。二是建设长江经济带生态资产和生态产品交易中心，健全和完善生态补偿机制、生态资源产权交易机制，保障生态服务价值实现。三是加大资金扶助与保障力度，持续支持和鼓励"两山"转化的实践创新，推动以大生态实现大健康产业发展，鼓励生态环境好的城市发展生态旅游、绿色、功能食品产业，增强地方产业经济基础和生态经济发展活力。

三、完善支持绿色发展的政策体系，推动发展方式绿色转型

一是加大项目融资模式创新力度，探索实施绿色发展导向的开发模式，发挥绿色金融改革创新试验区作用，组建长江经济带绿色金融发展联盟、推动国家绿色发展基金与长江经济带 11 省市地方政府的有效合作，满足带内企业、地方政府在生态保护、节能环保、减碳、生态经济发展等方面的投融资需求。二是推动长江三角洲地区率先探索和完善支持绿色发展的财税、金融、投资、价格政策和标准体系，鼓励发展绿色低碳产业，健全资源环境要素市场化配置体系，加快节能降碳先进技术研发和推广应用，倡导绿色消费，推动形成绿色低碳的生产方式和生活方式。三是构建长江流域生态文明先行示范区建设激励机制，推动长江经济带 110 个城市生态文明示范区建设。

第三节　发挥新型举国体制优势

发挥新型举国体制优势，切实提升流域创新体系整体效能。

一、聚焦流域战略性产业链、创新链，健全关键核心技术攻坚的新型举国体制

2021 年，长江经济带对我国经济增长的贡献率达到 50.5%，国家工信部认定的 45 个国家先进制造产业集群中长江经济带占 26 个，因此聚焦长江经济带战略性产业链、创新链，发挥新型举国体制优势，围绕关键技术、关键元器件、关键材料进行技术攻坚是长江经济带增强产业经济韧性和可持续发展竞争力的核心命题。一是完善政府创新激励体系和组织模式，集合全流域的力量对经济带内 26 个国家级先进制造业的关键共性技术研发进行长期稳定支持。二是优化基础研究、关键技术研发的投入结构，提高政府在全社会研发投入中的比例，健全从基础研究到应用转化的贯通式创新的政策安排。三是通过有效的制度安排，鼓励企业更多投入资源用于研究开发，并加强产业技术研发和创新领域的开放式合作，促进产学研用贯通，推进产业链、创新链融合，加快使创新成果转化为现实生产力。

二、聚焦科技创新资源的优化配置，推进大型科学基础设施全流域开放共享

一是要加快上海张江、安徽合肥两个综合性国家科学中心建

设，尤其是要大力推动上海建设国际科技创新中心，要依托国家综合性科学中心、重大科技基础设施、高水平研究机构和高校等载体，培育战略科技力量，打造吸引高层次人才的世界级平台。二是要支持和推动南京、杭州、武汉、成都、重庆、苏州等城市有序建设综合性国家科学中心、区域科技创新中心，增强长江经济带科技基础能力。三是建立区域"创新券"等制度，推动区域大型科技设施、仪器设备、创新平台开放共享，尤其是要充分发挥上海张江、安徽合肥两个综合性国家科学中心的重大科技基础设施在基础科学研究、重大应用研究领域的科技支撑作用，辐射带动长江中游、上游城市群内核心城市的科技创新动能。

三、聚焦产业技术研发和成果转化，推进"政产学研用"开放式创新合作

一流大学、重点科研院所是基础研究的主力军和重大科技突破的策源地，要充分发挥长江经济带内一流高校、一流学科密集分布优势，抓住新文科、新工科、新医科、新农科建设契机，从国家、长江经济带急迫需要和长远需求出发，推动政产学研用的深度融合，加强原创性引领性科技攻关，促进科技成果转化。建议针对不同类型的城市，鼓励探索通过强强合作、强弱对接等途径打造相互赋能、各具特色的政产学研用跨地开放合作模式。如强强合作的华东师范大学重庆研究院模式，2019年由华东师范大学与重庆合作建设，有效整合政府、高校与企业的创新资源，实施"优势互补、互利共赢"的政产学研用的合作，研究院依托华东师范大学精密光谱科学与技术国家重点实验室，以"精密光学"为核心，拓展"1＋N"合作模式，推进精密光谱、精密仪器、精密制

造、超快激光、先进材料、遥感雷达、数据通信、生物医药以及生态环境领域科技成果转化工作。在超快飞秒激光器产业方面，形成国产化的超快飞秒激光器系列产线，带动激光技术原材料（上游）、激光器和配套激光装备（中游）、激光应用市场如工业加工、芯片制造、精准医疗等全产业链条的发展。在产学研合作方面，研究院先后与航天 504 所、北京无线电计量测试研究所、四川电网、中国商飞、京东方等单位开展科研成果转化合作，涉及精密光谱、智能装备、生态环境等多个领域 10 余项项目。

第四节　发挥长江经济带内联外通传统优势

发挥长江经济带内联外通传统优势，协同开创双循环新格局。

一、带内联动，畅通流域合作管道

一是要以现代化市场体系、经济体系为抓手，畅通长江流域内循环。要坚持从广度和深度上推进市场化改革，加快形成流域内统一开放、竞争有序的市场体系，清除市场壁垒，打破"行政区经济"，扎实推进长江经济带市场一体化进程，提高资源配置效率。二是要建立统一、开放、有序的运输市场和物流体系。要加强综合交通运输体系建设，系统提升长江"黄金水道"通航能力，强化经济带内铁路、公路、航空运输网络的协同与联动，优化调整运输结构，创新运输组织模式，大力提升区域综合交通运输能力，助力国内国际"双循环"。三是要优化完善经济带内城市间对口支援与合作交流机制，一方面要充分发挥龙头城市上海和杭州、南京、成都、武汉、重庆、苏州、宁波、合肥、无锡、长沙等高级区域中心城市的辐射引领作用，通过外部经济、科技、人才、市场等资源的接入，赋能雅安、昭通、眉山、池州、萍乡等后发展城市促进其"追赶式"、内生型增长；另一方面要通过健全和完善城市间合作、交流与共享机制，推进经济带内都市圈、城市群建设，增强城市群人口、经济承载能力，在全流域内形成都市圈引领城市群、城市群支撑经济带的高质量发展空间动力系统。

二、协同开放，高水平对接 RCEP

《区域全面经济伙伴关系协定》（RCEP）是全球规模最大的自由贸易协定，在更宽领域内深化了亚太地区国家贸易往来。以RCEP 为重点，优化区域开放布局，有利于增强国内国际两个市场两种资源联动效用，是长江经济带高质量协同发展的重要战略新机遇。一是各省市要以 RCEP 规则为框架，结合各地产业经济特征和空间区位优势，加快顶层设计，主动对接融入 RCEP 贸易体系，拓宽各地区贸易开放领域；二是各省市要加强协同配合和分工协作，发挥集群优势，组团出海。如长江上游地区一方面要强化成渝双城经济圈的近邻合作，另一方面要依托西部陆海新通道建设，加强与滇中城市群、北部湾城市群的协同配合，携手面向国际招商、开拓国际市场、开展国际投资，共同融入 RCEP。

三、联动提升，构建全球自由贸易区网络

实施自由贸易试验区协同提升战略，扩大面向全球的高标准自由贸易区网络是长江经济带乃至我国实现更高水平对外开放的路径

选择。一是要加快中国（上海）自由贸易试验区临港新片区建设，深入推进贸易和投资自由化、便利化，特别是要深化"放管服"改革，在长江经济带内加快推广临港新片区可复制的改革试点经验。二是加强沿海、沿江、内陆、沿边自贸试验区互动融合，协同共建陆海联动、双向开放新格局。四川、重庆、云南等内陆和沿边自贸试验区要学习借鉴上海、浙江、江苏等沿海自贸试验区和国外自贸园区建设经验，在制度对接、产业协同、平台共建等方面与沿海自贸试验区建立合作对话机制，建立长江经济带上中下游、东中西部、国内国外开放平台对接机制，构建起面向全球的高标准自由贸易区网络。

第五章 上海大都市圈同城化发展条件与路径选择专题分析

党的二十大报告明确要求，加快构建以国内大循环为主体、国内国际"双循环"相互促进的新发展格局，深入实施区域协调发展战略、新型城镇化战略，优化重大生产力布局，构建优势互补、高质量发展的区域经济布局和国土空间体系。剖析上海大都市圈同城化发展条件与路径选择对于落实党的二十大报告有关区域协调发展战略具有重要意义。

回眸过往，"上海大都市圈"的概念始于 2016 年。2016 年 8 月，上海市发布了《上海城市总体规划（2016–2040）》，旨在充分发挥上海在"一带一路"和长江经济带中的作用，积极推动上海大都市圈的同城化发展；2017 年 12 月，在国务院下发的《上海市城市总体规划（2017–2035 年）》批复中，首次提出了"充分发挥上海中心城市作用，加强与周边城市的分工协作，构建上海大都市圈"，并将上海大都市圈的范围界定为上海、苏州、无锡、南通、宁波、嘉兴、舟山等 7 座城市。2019 年 12 月，中共中央、国务院发布的《长江三角洲区域一体化发展规划纲要》明确提出，"推动上海与近沪区域及苏锡常都市圈联动发展，构建上海大都市圈"。2022 年 9 月，上海、江苏、浙江三地政府联合发布了全国首个跨区域、协商性的国土空间规划——《上海大都市圈空间协同规划》，并明确上海大都市圈包括上海、苏州、无锡、常州、南通、宁波、湖州、嘉兴、舟山在内的9座城市，陆域总面积5.6万平方千米，海域面积4.7万平方千米。2021年，该区域常住人口7 794万人，GDP为12.6万亿元，以占长三角约1/6的陆域面积，承载了长三角1/3的人口，创造了1/2的经济总量，是全球规模最大的都市圈之一。同时，上海大都市圈内各城市文化同源、水脉相依、人缘相亲、产业相通，是一个充满生机活力的区域生命共同体，位列清华大学中国新型城镇化研究院组编的《中国都市圈发展报告2021》中所列6个成熟型都市圈、17个发展型都市圈、11个培育型都市圈中的首位。

放眼未来，瞄准"高水平打造长三角世界级城市群"的目标，上海大都市圈有望成为同城化推动高质量发展的探索者、示范者。大都市圈内一体化本质内涵是同城化，而同城化是实现城际协同发展、高质量发展的重要方式和途径；有望成为"人民城市"重要理念的践行者。上海大都市圈应在满足人民对美好生活追求方面再立新功，成为"人民城市人民建、人民城市为人民"的标杆。这里的人民不仅包括上海的人民，还包括上海大都市圈兄弟城市的人民、中国其他地区的人民，以及定居海外、对华友好的人民。

第一节　一体化发展时代背景与特征

在构建"以国内大循环为主体、国内国际双循环相互促进"的新发展格局以及建设全国统一大市场的背景下，利用第四次产业革命带来的新机遇，深化区域协调发展战略，制订科学的行动方案，是世界众多国家和地区特别是发达国家和地区的共同选择。

（一）"以邻为伴"的时代新特征

受国家供应链安全、区域民生福利优先等因素影响，经济全球化向区域化、地方化转变的态势十分明显，各个地区从过去偏重全球合作逐步转向优先解决和邻近城市、邻近区域之间的合作问题；从"以邻为壑"的相互竞争关系转向"以邻为伴"的合作伙伴关系。近年来，全球化逐渐向区域化、地方化转变。"以邻为伴"新趋势要求在规划、制度的总体安排和谋划上，必须反映这个时代的新特点。编制《上海大都市圈空间协同规划》，正是顺应了这个时代的要求，体现了"共商、共建、共享"的新发展理念。此外，长三角地区，尤其是以上海为中心的核心地区，是我国经济发展最活跃、开放程度最高、创新能力最强的区域，更需要发挥核心作用，承担探索者、先行者的角色。

（二）谋求高质量发展的科学选择

高质量发展，首先是通过强化邻近地区之间的协同，进而实现减少资源投入、增加经济产出的目标。因此，协同发展，特别是与邻近地区的一体化发展，成为时代趋势。上海在这方面走出了扎实的一步，发挥了龙头示范作用，江浙沪二省一市共同编制、发布上海大都市圈空间协同规划就是明证。放眼未来，如果规划编制和实施仍然以过去孤立、以邻为壑、相互竞争的思路为指导，对上海和长三角地区未来发展都将造成严重伤害。从这个意义上讲，《上海大都市圈空间协同规划》中出现了"协同"两个字，时代感很强，也很好地反映了上海与周边城市未来发展的实际需求。

与过去相比，一体化高质量发展主要通过明确邻近城市之间创新合作关系定位，开展科技创新联合攻关。每次产业革命都是以某个关键技术带动，并导致世界范围内的经济格局重组。而第四次产业革命的关键是数字技术的知识创造、科技研发和广泛应用，必将对当今时代产生重大影响。世界上许多国家都制定了迎接第四次产业革命的发展规划。中央倡导的"创新、协调、绿色、开放、共享"新发展理念，也将"创新"放在第一位。因此，创新是实现高质量发展目标的前提和基础。

改革开放初期，我国的经济增长方式主要是规模扩张，鼓励地方优化营商环境、降低投资成本、打造投资洼地，在用地、用电、用工等方面提供便利条件，留住资本，一定程度上鼓励邻里相互竞赛，各地因地制宜，百舸争流，争当致富的探索者，工业化、城镇化水平快速提升，中国也因此实现了从农业大国到工业大国的转变。但随着我国人民生活水平提高、建设用地资源趋紧，国内劳动力、土地、能源等成本不断提高，而越南、菲律宾、印度、南非等其他东南亚或非洲国家的低成本优势逐渐显现。为了避免掉入"中等收入陷阱"，保证劳动生产率提高速度高于生产成本上升速度，我们必须改变传统发展模式，尽快走向技术创新与开发为主的新阶段。

（三）开展合作创新的现实需求

技术创新的成败核心是经济腹地大小。2020年8月，习近平总书记在合肥主持召开扎实推进长三角一体化发展座谈会上指出，长三角三省一市应集合科技力量，加大科技攻关力度。中央指示应该成为新时期追求经济高质量发展的总指针。创新，一方面必须集合科技资源，另一方面通过建设联合体，使高技术研发经费有保障、科技成果转化应用有可靠的强大腹地支撑。科创资源的汇集、科创成果的转化应用，都离不开创新共同体。

产业集群和创新网络是未来建设重点。改革开放初期，我国产业园区建设取得了举世瞩目的成就，创造了具有全球影响力的中国模式和中国经验。在"一带一路"倡议实施过程中，重视航运港口与产业园区的联动，成为我国的一大创举。然而，开发区有它的时代局限性，往往局限于发展一个或少数几个产业，排他性强，独占、垄断色彩浓厚。而如今合作经济、共享经济渐成主流，地方发展越来越多地依赖多元融合创新，跨界融合、跨行业融合成为新趋势。创新网络可以很好地满足各个地方的不同需求，不仅包括高端、中端、低端的需求，也包括衣食住行等人民群众的一般生活需求。过去完善产业链更多是重视纵向的一体化，重点聚焦前端的要素供给与后端的市场销售。建设产业集群则更注重横向的分工与合作，要求在生产、设计或研发环节，争夺市场的主导地位，强调全球影响力。

以上海为中心的长三角地区，是我国最重要的科创中心之一，基础条件好。根据 2021 年 9 月 20 日世界知识产权组织发布的《2021 年全球创新指数》可知，上海在全球科技集群前 100 位中，排名第 8。上海作为我国 4 个综合性国家科学中心之一，已经集聚了一大批顶级人才和上海光源、超强超短激光装置、软硬 X 射线自由电子激光装置等诸多大科学设施；但中小城市面临着高端创新资源短缺、人才流失等问题，越来越依赖于上海等核心城市的辐射带动。在市场力量的支配下，人才、资金等科创资源向中心城市集聚，而一般加工生产环节向边缘中小城市转移，形成了研发在中心、生产在外围地区的产业链和创新链地域分工格局。这就是说，中心城市和边缘城市能否建立跨界产学研一体化机制，已经成为完善长三角创新网络、打造世界级产业集群的核心关键，也是决定上海科创中心能否建成的关键。

第二节　上海大都市圈一体化发展水平评价

根据国家统计局以及上海大都市圈9个城市的统计局近几年来公布的官方统计资料，笔者采用由经济发展、科技创新、交流服务、生态支撑四大领域共18项指标构成的评价指标体系，通过加权平均并求和，综合计算得出上海大都市圈9个地级及以上城市的整体及分专题领域一体化发展能力，并在此基础上，对2022年度上海大都市圈9个城市的整体及分领域一体化发展能力特征以及各领域一体化发展能力间的相关关系等展开比较分析。

（一）城市一体化发展呈现明显的中心边缘结构特征

根据综合计算结果，整理得出2022年上海大都市圈"8＋1"城市一体化发展能力排行榜（见表5－1）。从上海大都市圈9座城市一体化发展能力首先可以看出，上海得分值66.40，远高于其他8座城市，毫无疑问是该都市圈的龙头城市；其次，苏州、无锡和宁波分别位列第二、第三和第四名，是高级区域中心城市；最后，嘉兴、南通和湖州为一般区域中心城市。从长江经济带区域来看，上海大都市圈是长江经济带城市一体化发展的高水平区域，9座城市均是长江经济带内的中心城市，且除湖州和南通外，其他7座城市排名均位于前20名。

表 5 - 1　　　　长三角城市一体化发展能力排行榜（2022 年）

城市	排名	长江经济带排名	总分	城市类别划分
上海	1	1	66.40	龙头城市
苏州	2	7	28.90	高级区域中心城市
无锡	3	8	25.91	高级区域中心城市
宁波	4	9	24.46	高级区域中心城市
常州	5	14	17.91	一般区域中心城市
舟山	6	16	16.83	一般区域中心城市
嘉兴	7	18	15.30	一般区域中心城市
南通	8	21	14.84	一般区域中心城市
湖州	9	32	12.43	一般区域中心城市

为了更好地了解不同城市在一体化发展能力评价中展现的优势和劣势，笔者将进一步分析上海大都市圈各城市在经济发展、科技创新、交流服务、生态保护等领域的一体化发展能力，探讨其影响因素，并深入剖析四个领域协同能力的相关关系。

1. 经济一体化发展能力差异较小

上海大都市圈是长江经济带经济发展的"火车头"，各城市经济得分在长江经济带中排行前列，上海、苏州、无锡、宁波分列第一、第三、第四、第六，其余各市均在前二十名，仅有舟山位列第三十三名（见表 5 - 2）。

上海作为全国重要的经济中心，在综合 GDP 水平、全国制造业 500 强总部数、社会消费品零售额等方面具有绝对优势，此外值得一提的是，上海的企业城际投资额首位度达到了 1.68，这表明上海在经济方面具有显著的溢出效应，是国内大循环的重要节点城市，而这也是上海大都市圈形成发展的经济基础。苏州在其他经济指标不弱的前提下，在表征乡村振兴的指标上位居都市圈第一，这表明苏州在农业农村发展、乡村振兴方面走在前头，乡村发展水平较高。无锡拥有都市圈内最多的全国制造业 500 强总部数，宁波在各项指标上均较为均衡，因此二者在经济上的排名均较为靠前。舟山受限于群岛的地理环境以及相对有限的人口规模，其经济竞争力在都市圈内相对较弱。

表 5 – 2　　上海大都市圈经济一体化发展能力排行榜（2022 年）

排名	城市	经济得分	经济带排名	排名	城市	经济得分	经济带排名
1	上海市	81.11	1	6	嘉兴市	27.72	14
2	苏州市	56.56	3	7	常州市	26.43	17
3	无锡市	52.27	4	8	湖州市	21.61	30
4	宁波市	47.37	6	9	舟山市	20.69	33
5	南通市	28.46	12				

经济一体化是都市圈形成的坚实基础，这也是上海大都市圈最突出的核心优势。经济实力方面，上海大都市圈有五座城市 GDP 超过万亿，经济实力雄厚；产业方面，上海大都市圈制造业产业链完整，竞争力强，汇聚了大量全国制造业 500 强总部；城镇化方面，上海大都市圈在 2021 年有近 20 个全国百强县，形成了较为完整的城镇发展体系；经济联系上，上海大都市圈城际投资数额巨大，以生物医药产业为例，形成了"上海发明，苏州制造"的分工，城际联系紧密。

2. 城市科创一体化发展能力内部差异巨大

上海大都市圈在长江经济带的创新龙头地位毋庸置疑，上海、苏州、宁波分列第一、第七、第九，仅有舟山排名较低，其他城市均在前二十（见表5－3）。

表5－3　　　上海大都市圈科创一体化发展能力排行榜（2022年）

排名	城市	创新得分	经济带排名	排名	城市	创新得分	经济带排名
1	上海市	91.58	1	6	嘉兴市	5.58	16
2	苏州市	22.08	7	7	常州市	5.40	17
3	宁波市	16.41	9	8	湖州市	2.37	34
4	无锡市	8.83	11	9	舟山市	0.90	69
5	南通市	6.12	14				

　　上海在科技创新方面的财政和人员投入巨大，高校与科研中心数量全国领先，长江经济带范围内上海在创新领域具有绝对优势地位。苏州、宁波、无锡等城市在创新方面的排名相较经济领域有所下降，虽然它们都能保障较高的科创资金投入，但人员投入较少，并且受到"双一流"学科数量的掣肘，创新智力支持严重不足。舟山由于产业规模有限，整体处于区域创新合作的边缘地位，同时财政、人员投入较少，科创一体化发展能力较差。

　　得益于完备的产业体系，上海大都市圈的科创一体化发展能力整体较强。然而就科创的智力支持而言，具体到城市可以发现，仅有上海在"双一流"大学、"双一流"学科数量上优势巨大，其他城市的高校以及学科建设远远不能支撑这些地区的产业发展。同时，相比于粤港澳大湾区80%的"双一流"高校毕业生本地就业，上海大都市圈这一数字为70%，如何培育人才、吸引人才、留住人才是上海大都市圈需要考虑的问题。

3. 城市交流服务能力总体差别不大

　　上海大都市圈交流服务能力突出，但是优势不如经济和创新领域，在长江经济带内，前十仅有第一的上海和第九的苏州，南通、舟山排名在二十名以外（见表5－4）。

表5－4　　上海大都市圈交流服务能力排行榜（2022年）

排名	城市	交流得分	经济带排名	排名	城市	交流得分	经济带排名
1	上海市	94.13	1	6	常州市	29.27	20
2	苏州市	43.54	9	7	湖州市	25.60	26
3	无锡市	40.73	11	8	南通市	22.32	39
4	宁波市	36.71	13	9	舟山市	20.89	52
5	嘉兴市	30.73	18				

　　上海是连接我国南北的重要铁路节点，浦东机场、洋山深水港则是连接国内外的重要窗口，同时由于上海本身的经济中心地位，基础设施配置级别较高，交流服务能力较强。苏州、无锡、宁波交流服务能力的各项指标较为均衡，但是由于苏州没有自身的机场，客货往来依靠周边城市，宁波处于浙江东北角，无法承担铁路枢纽的职能，交流服务能力尚有提升空间。南通、舟山与宁波的情况较为类似，相对边缘的地理位置限制了它们深度参与城市间交流的机会，舟山甚至没有高铁，交通运输主要依靠水路，因此交流服务水平较低。

　　都市圈的一个核心特征是"一小时交通圈"，但是由于太湖和杭州湾的自然地理限制，目前上海大都市圈无法实现都市圈内一小时交通。例如从湖州到上海目前仍需绕行杭州，高铁需要两个小时，上海到宁波走杭州湾跨海大桥也需要两个小时左右。然而，根据2021年6月7日国家发展改革委印发的《长江三角洲地区多层次轨道交通规划》，规划建设苏州至无锡至常州等城际铁路；依托在建的上海经苏州至湖州铁路，以及规划建设的上海经乍浦至杭州铁路等，规划建设上海至杭州等城际铁路，布局苏州至杭州等城际铁路；依托既有宁杭高铁、规划建设的宁杭二通道、盐城经泰州无锡常州宜兴至湖州铁路等。此外，根据国家发展改革委和交通运输部 2022 年 7 月 12 日公布的《国家公路网规划》，将建设 G634 太仓港—平湖公路等高等级公路。总之，在可预见的未来，上海大都市圈内一小时交通有望实现。

4. 城市生态支撑一体化能力总体较差

上海大都市圈的舟山、常州、无锡分列长江经济带的第一、第五、第九，排名靠前，但城市生态指数总体得分不高（见表 5 – 5）。虽然上海大都市圈只包含八座城市，但是都市圈内部城市之间生态支撑领域协同能力差异性较为明显，具体可以分为四类。第一类城市：舟山，属于先天环境友好型，良好的自然地理条件以及较小的人口产业规模使得舟山在生态保护和绿色发展方面具有先天优势；第二类城市：常州、无锡、上海，属于高质量发展型，它们单位 GDP 能耗相对较低，拥有较高的产出效率，同时对环保的投资额较大，在绿色发展上走在前列；第三类城市：南通、宁波、苏州，属于工业化末期型，这类城市工业发达，但是单位 GDP 能耗较高，

表 5 – 5　　上海大都市圈生态支撑能力排行榜（2022 年）

排名	城市	生态得分	经济带排名	排名	城市	生态得分	经济带排名
1	舟山市	27.48	1	6	宁波市	9.08	49
2	常州市	17.17	5	7	湖州市	7.60	62
3	无锡市	15.53	9	8	苏州市	7.51	64
4	上海市	12.91	25	9	嘉兴市	6.44	91
5	南通市	9.48	47				

同时对环保的投资占比相对较小，在生态保护方面还有较大提升空间；第四类城市：湖州、嘉兴，属于工业化型，2021年湖州第二产业增加值比重为51.2%，嘉兴第二产业增加值比重高达54.35%，同时它们的单位GDP能耗在长江经济带分别排第105和107名，这表明湖州和嘉兴亟须转变这种粗放的发展方式。

生态环境是都市圈可持续发展的重要基础，如何实现人与自然和谐共生的中国式现代化是上海大都市圈的首要攻坚方向。党的二十大指出，要转变发展方式，实现绿色发展。然而由于长期以来制造业发达，加之环保问题近年来才得到普遍重视，上海大都市圈生态支撑能力成为一大短板。近年来，上海大都市圈在生态方面做出了许多尝试，例如建设崇明世界级生态岛，上海、苏州、嘉兴共建长三角一体化先行示范区等，但是由于历史原因以及部分城市仍处于工业化发展阶段，实现大都市圈的绿色发展仍然任重道远。

（二）不同专题领域一体化能力相关性总体较强

经济发展、科技创新、交流服务三个专题领域的一体化发展能力相辅相成，呈现出显著的正相关关系，但其与生态支撑领域关联性较弱。为探究上海大都市圈9座城市的不同维度之间是否存在关联性，分别将城市的两个不同维度进行线性拟合。根据图5-1可知，经济和创新、经济和交流、创新和交流之间均存在显著的正相关关系，拟合优度R^2均超过0.75，其中，创新与交流维度之间的回归方程拟合优度R^2均超过0.95，说明城市对外交流的增强是促进创新能力提高的重要因素；同时，经济与生态、创新与生态维度之间呈现负向关联性，但这种关联性不强，R^2分别为0.036和0.006，说明随着城市经济发展和创新能力的增强，其生态环境并没有同步改善，仍存在明显的生态短板。

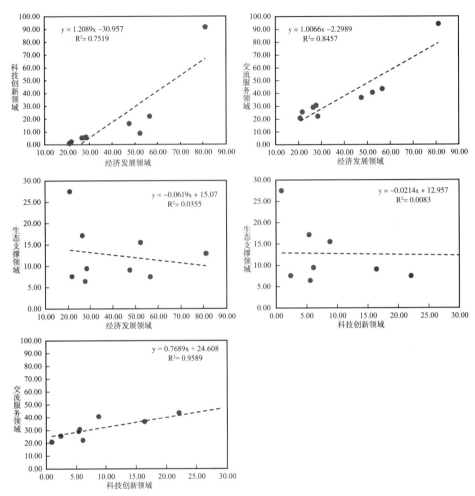

图 5－1　上海大都市圈一体化发展能力四个专题领域相关关系图（2022 年）

第三节　上海大都市圈一体化
发展的主要障碍

　　都市圈是指城市群内部以超大特大城市或辐射带动功能强的大城市为中心、以一小时通勤圈为基本范围的城镇化空间形态。上海大都市圈具备建设具有全球重要影响力都市圈的有利条件。然而，与国内其他都市圈相比，上海大都市圈在人口结构、创新竞争、城际轨道交通、生态环境等方面，也还存在一些短板。以陆域面积计，上海大都市圈与整个粤港澳大湾区相当。过去十年，上海大都市圈无论是人口增量，还是人才（在校大学生）增量，都不到粤港澳大湾区的一半。对比2000～2010年、2011～2020年两个时期，上海大都市圈常住人口年均增量分别为151万人和95.7万人；同一时期粤港澳大湾区年均人口增量分别为137万人、224.4万人。与此同时，上海大都市圈的老龄化率却是后者的两倍多，且比例呈现一升一降的逆向趋势。上海大都市圈的老龄化率从2015年的12.6%升至2020年的15.4%，而粤港澳大湾区则从7.5%降至6.5%。而同期京津冀城市群老龄化率分别为10.3%和13.6%，也比上海大都市圈更"年轻"。究其原因，以下五个方面同城化障碍值得重视。

（一）行政分割问题依然存在

上海大都市圈各地区"以邻为壑"的竞争观念亟待改善。首先，上海大都市圈所囊括的8个城市涵盖龙头城市、高级区域中心城市和一般区域中心城市三类，地区间、城市间经济社会发展基础及对上海大都市圈建设存在观念差异，进而导致了不同城市融入上海大都市圈建设的进程存在差异。其次，上海大都市圈地跨两省一市，经济运行的行政区域利益特征更为明显，区域合作与摩擦并存，经济协调和沟通渠道不畅，生产要素不能完全自由流动，各城市之间的发展规划缺乏统筹衔接，尚未从全局出发实现各城市之间的通力合作。

上海大都市圈跨界协调缺乏制度创新。现阶段，地方政府对于资源配置的影响较大，社会力量（如社会组织、商会或行业协会等）在跨界合作中作用有待提高。在现行行政体制下，各市政府还存在片面追求本地经济增长的现象，合作与冲突并存。区域经济发展的战略目标和战略缺乏特色，经济运行带有显著的行政区域利益特征，经济协调和沟通渠道不畅，缺乏紧密的区域内经济联系，这种政府行为模式对于区域经济一体化和相应规划的制定具有实质性的阻碍力。

（二）创新共同体建设任重道远

在加快实施创新驱动发展战略的大背景下，上海大都市圈是中国打赢关键核心技术攻坚战的主战场，但目前上海大都市圈内部创新实力差距悬殊且创新共同体建设尚待完善。根据长江经济带一体化发展指数 2022 显示，龙头城市上海的创新得分达 91.58 分，与苏州（22.08 分）、宁波（16.41 分）等 7 个城市差距悬殊，舟山市创新得分仅 0.90 分，上海大都市圈城市间创新要素分布和创新转化能力呈现明显的区域差异，上海聚集了高端人才、基础科研机构、大科学装置等高端科创资源，在创新领域具有绝对优势，苏州、宁波、无锡等经济发达城市创新投入充足，但缺乏人才、科教资源，南通、嘉兴、常州、湖州、舟山的创新实力则总体落后于上述城市。一方面，受限于区域内城市创新能力差距；另一方面，上海大都市圈内部创新关联较弱，创新资源共享机制及创新合作体系建设尚待完善。

（三）产业同质化竞争严重

上海大都市圈城市间产业同质化现象突出，同质化竞争放大了都市圈产业链、供应链风险。一方面，上海大都市圈各城市产业同质化竞争激烈，产业链分工和专业化协作脆弱，缺乏整体协同创新，各地区比较优势没有充分发挥，如各城市主导产业中，汽车、石化、电子信息等产业高度重合。另一方面，上海大都市圈各城市产业发展阶段不同，面临多种产业转型升级压力，上海、苏州、宁波、无锡、常州、南通处于产业结构高级化发展阶段，优化发展现代服务业、现代制造业是主要目标。湖州、嘉兴目前第二产业占比较高，产业结构处于工业化进程的中级阶段，重点放在推进战略性新兴产业发展和实现传统产业转型升级两方面。而舟山虽第三产业比重最高，但第二产业比重总体处于较低水平，传统产业面临衰退，战略性新兴产业的支撑力也不足，上海大都市圈产业链供应链布局尚待优化。

（四）都市圈陆海统筹综合治理模式尚待建立

上海大都市圈陆域面积5.6万平方千米、海域面积4.7万平方千米，上海、南通、宁波、舟山均拥有滨海地区，坚持陆海统筹是推动上海大都市圈可持续发展的新动能。目前，上海大都市圈陆海统筹面临以下四类问题：一是上海大都市圈海域与陆域功能不匹配，陆海资源开发与产业功能布局尚未统一，海洋经济发展自身的循环链条有限，需要有陆地经济、相关产业及海洋科研创新源作为支撑，而目前缺乏培育海洋资源相关产业的扶持政策；二是海域生态问题突出，海岸带地区是典型的生态脆弱带和环境变化敏感区，上海大都市圈近海海域整体为劣Ⅳ类水质，岸线硬质化问题突出，控制海水污染，推进海洋生态修复刻不容缓；三是沿海交通走廊贯通需完善，舟山等岛屿城市与内陆互联互通缺乏便捷的交通设施，滨海的开放性与公开性有待加强；四是陆海统筹的安全保障机制尚不成熟，上海大都市圈内部缺少针对海岸线地区预防海平面上升、风暴潮等海洋安全隐患的协同治理方案。

（五）跨界生态联防联控机制尚待完善

上海大都市圈生态支撑一体化发展能力亟待提升。上海应是国内实现"双碳"目标的排头兵，三年前长三角地区就已经进入了经济发展与生态环境的"脱钩"阶段，如今应思考绿色发展新思路，让保护生态环境成为推动经济发展的新引擎是上海大都市圈建设的重要目标。但现阶段，根据2022年长江经济带一体化发展指数显示，总体上，上海大都市圈各城市在经济发展、科技创新、交流服务三个领域均处于领先水平，而生态支撑领域得分却多数处于较低水平。其中，龙头城市上海在经济发展、科技创新、交流服务三大领域已接近或达到世界先进水平，但生态支撑领域得分仅为12.91分，上海大都市圈生态支撑短板问题突出。

跨界生态联防联控协同保障机制环境治理机制亟须建立。其一，目前各地区环境管理一体化标准体系尚待统一，信息技术和信息共享机制亟待完善；其二，各地区生态共治的行政成本较高、环境立法存在差异；其三，"双碳"目标与地方发展需求的结合有待落实，包括老百姓、企业、地方历史文化、自然景观等方面可持续发展的需求，需进一步重视生态环境保护的科普传播，将生态环境综合管理与保护放在上海大都市圈空间规划的突出位置。

第四节　上海大都市圈一体化发展的建议

《上海大都市圈空间协同规划》指出，上海大都市圈将成为"建设卓越的全球城市区域，成为更具竞争力、更可持续、更加融合的都市圈"。基于目标导向、问题导向原则，建议采取以下四个方面措施，推进上海大都市圈同城化发展进程。

（一）加大创新网络与产业集群建设力度

上海大都市圈科创资源丰富且集聚，广阔的经济腹地仅提供应用场地，因此完善上海都市圈创新网络是中心城市与边缘城市实现跨界产学研一体化的关键举措。近年来，顶级人才、大科学装置等高端科创资源向中心城市汇集趋势明显，上海张江汇集了众多具有全球影响力的大科学装置，上海临港的世界顶尖科学家社区建设项目已于 2021 年动工；而中小城市高端科创资源短缺，接受上海等中心城市产业转移越来越多，其科技进步对中心城市的依赖越来越强。在市场力量的支配下，高端科创资源向中心城市集聚，而一般加工生产向边缘中小城市转移，形成了"产"在外围、"研"和"学"在中心的产学研新格局。未来应通过完善创新网络来构建创新共同体，共建创新驱动平台，大科学设施共享，科技创新联合攻关。在空间格局上，上海等中心城市应发挥重要组织者作用。

上海都市圈高端产业基础扎实且具有一定同质性，为避免恶性竞争，应联合打造世界级产业集群。在上海大都市圈各城市"十四五"规划提出的重点培育的产业集群和产业链中，8 个城市都提出重点培育高端装备、智能装备制造产业集群发展，7 个城市提到重点发展生命健康及生物医药产业，6 个城市提及发展汽车产业，5 个城市提及发展电子信息相关产业、集成电路产业等，这为上海大都市圈建设电子信息、生物医药、高端装备制造、汽车等产业集群提供基础。过去完善产业链更多是重视纵向的一体化，重点聚焦前端的要素供给与后端的市场销售。建设产业集群则更注重横向的分工与合作，要求在生产、设计或研发环节，争夺市场的主导地位，强调全球影响力。

（二）加大陆海统筹力度

上海大都市圈是陆海兼备的代表地区，未来应打破陆地与海洋之间的思维壁垒，准确把握陆域海域空间治理的整体性和联动性，构建陆海协调、人海和谐的海洋空间开发格局，为上海大都市圈可持续发展提供新动能。基于上文分析，上海大都市圈未来可从以下三个方面推动陆海统筹。第一，以浙江海洋经济发展示范区为抓手持续推动陆海资源开发的联动。国务院早在2011年就批复了《浙江海洋经济发展示范区规划》，目标侧重于优化海洋经济结构。故应对接示范区规划，强化海洋经济与陆地的联系。第二，建立上海大都市圈共同防治海洋污染的协调机制，坚持把保护和修复海域生态系统放在重要位置。此外，还应严格防范海洋环境风险，针对风暴潮、赤潮、化学品泄漏等制订应急预案，完善应急响应和防灾减灾机制。第三，打破交通壁垒，完善岛屿与沿海、沿海与内陆的交通设施建设，降低海陆要素资源流动成本。

（三）完善跨界生态环境共抓共管协作机制

推动经济发展与碳排放进入"顺钩"阶段，让保护生态环境成为推动经济发展的新引擎，成为保障老百姓福祉的新领域。首先应满足地方发展的实际需求，包括老百姓的需求、企业的需求，以及地方历史文化、自然景观等方面可持续发展的需求。同时，应重视生态环境保护的科学研究和科普传播。如森林、绿地对于碳汇的作用不同，森林是重要的碳汇，吸碳、固碳作用显著，但如果城市森林外来稀有物种过多，也可能降低碳汇效果。绿地表面看起来呈绿色且赏心悦目，但却不是碳汇，而是碳源，会增加碳排放。湿地资源才是重要的碳汇，对区域生态环境改善的贡献不容小觑，因此应强化对湿地生态系统的保护。

针对上海大都市圈生态环境问题，整体上要形成一个共识，即推动经济发展与碳排放进入"顺钩"阶段，让保护生态环境成为推动经济发展的新引擎，成为保障老百姓福祉的新领域。共同保护生态环境，要从以下四个方面入手。第一，"一张蓝图管全域"。上海大都市圈空间协同规划就是这一张蓝图，进一步强化其法律、刚性约束地位。第二，"一套标准管品质"。将蓝图具体化为标准，为地方政府依法行政、企业依规经营、百姓依规生活提供基本遵循。第三，"一个平台管服务"。数字、网络是新时代的重要特征之一，通畅的信息交流是上海大都市圈共抓大保护的前提，建立一个统一的公共生态环境服务平台，才能将蓝图、标准落到实处。第四，引导社会广泛参与。建议上海大都市圈政府扶持一批民间环保组织，官民同心，形成分工协作明晰、运作高效的上海大都市圈生态环境共保共治新体系。

（四）建立点面结合的国土空间治理系统

将崇明生态岛、虹桥、临港新片区、五大新城等打造跨界合作示范区。上海之所以能成为具有全球影响力的国际大都市，最关键的一点，就是与其他地区有很好的合作，有周边实力强大兄弟城市的"帮衬"。上海的邻里合作应该抓重点，将具有战略价值的重点地区打造成跨界合作的先行者、探索者。

崇明生态岛是长江健康与否的"温度计"，应在跨地域、全流域环境监测、生态联合治理、共享绿色发展行动中，发挥不可或缺、不可替代的重要作用。应从生态农业扶持、乡村振兴路径创造、高质量发展方面，进一步完善崇明模式，为国内乃至世界众多发展中国家和地区提供生态文明建设样板。虹桥国际开放枢纽主要功能是交通、博览，同时应在工业设计、技术转化应用、总部经济方面有所作为，进一步丰富、完善虹桥与兄弟城区"总部＋基地"无缝合作模式，使虹桥"雁阵"飞得更高、飞得更远。临港新片区是中国离世界最近的地方，综合对外开放程度全国最高，在自由贸易区运营模式探索方面取得了不俗的成绩，但在与上海大都市圈内其他 8 座城市密切合作方面，临港新片区还拥有巨大的拓展空间和发展潜力，应该逐步完成上海临港、上海大都市圈临港、长三角临港、中国临港、世界临港的后续"拼图"。上海五个新城过去主要与中心城进行功能协调、分工，未来应从独立新城功能配置的视角出发，在未来城市新思想、新模式、新路径方面大胆探索，体现新技术、新基建、新业态、新社区、新景观的无穷魅力，将其打造成校区、园区、社区、景区四区联动的样板和长三角新城、中国新城、世界新城。

参 考 文 献

［1］曹卫东，曾刚，朱晟君，等 . 长三角区域一体化高质量发展：问题与出路［J］. 自然资源学报，2022，37（6）：1385 – 1402.

［2］曹贤忠，曾刚 . 基于长三角高质量一体化发展的创新飞地建设模式［J］. 科技与金融，2021，39（4）：36 – 41.

［3］曹贤忠，曾刚 . 长三角一体化背景下创新飞地合作特征与发展路径［J］. 上海城市管理，2022，31（5）：19 – 26.

［4］贯彻落实党的十九届五中全会精神　推动长江经济带高质量发展［N］. 光明日报，2020 – 11 – 16.

［5］郭艺，曹贤忠，魏文栋，等 . 长三角区域一体化对城市碳排放的影响研究［J］. 地理研究，2022，41（1）：181 – 192.

［6］加快建设全国统一大市场提高政府监管效能［N］. 人民日报，2021 – 12 – 18.

［7］林兰，王嘉炜，曹贤忠，等 . 长三角地区科技创新能力与城镇化水平耦合关系研究［J］. 长江流域资源与环境，2022，31（8）：1723 – 1735.

［8］陆大道 . 建设经济带是经济发展布局的最佳选择——长江经济带经济发展的巨大潜力［J］. 地理科学，2014，34（7）：769 – 772.

［9］陆大道 . 长江大保护与长江经济带的可持续发展——关于

落实习总书记重要指示，实现长江经济带可持续发展的认识与建议 [J]. 地理学报，2018，73（10）：1829 – 1836.

[10] 滕堂伟，林蕙灵，胡森林. 长三角更高质量一体化发展：成效进展、空间分异与空间关联 [J]. 安徽大学学报（哲学社会科学版），2020，44（5）：134 – 145.

[11] 滕堂伟，孙蓉，胡森林. 长江经济带科技创新与绿色发展的耦合协调及其空间关联 [J]. 长江流域资源与环境，2019，28（11）：2574 – 2585.

[12] 习近平. 在深入推动长江经济带发展座谈会上的讲话 [N]. 光明日报，2018 – 6 – 14.

[13] 习近平. 高举中国特色社会主义伟大旗帜　为全面建设社会主义现代化国家而团结奋斗——在中国共产党第二十次全国代表大会上的报告 [M]. 北京：人民出版社，2022.

[14] 曾刚. 面向未来的长三角创新协作分工体系 [J]. 张江科技评论，2022，30（1）：22 – 23.

[15] 曾刚，曹贤忠，王丰龙，等. 长三角区域一体化发展推进策略研究——基于创新驱动与绿色发展的视角 [J]. 安徽大学学报（哲学社会科学版），2019，43（1）：148 – 156.

[16] 曾刚，曹贤忠，朱贻文. 长江经济带城市协同发展格局与前景 [J]. 长江流域资源与环境，2022，31（8）：1685 – 1693.

[17] 曾刚，胡森林. 百年未有之大变局下中国区域发展格局演变 [J]. 经济地理，2021，41（10）：42 – 48 + 69.

[18] 曾刚，石庆玲，王丰龙. 长江经济带城市生态保护能力格局与提升策略初探 [J]. 华中师范大学学报（自然科学版），2020，54（4）：503 – 510.

[19] 曾刚，王丰龙，滕堂伟，等. 长江经济带城市协同发展

能力指数（2018）研究报告［M］.北京：中国社会科学出版社，2019：1 - 124.

［20］曾刚，王丰龙，等.长江经济带城市协同发展能力指数（2019）研究报告［M］.北京：中国社会科学出版社，2020：1 - 98.

［21］曾刚，等.长江经济带城市协同发展能力指数（2020）研究报告［M］.北京：中国社会科学出版社，2021：1 - 132.

［22］曾刚，等.长江经济带城市协同发展能力指数（2021）研究报告［M］.北京：经济科学出版社，2022：1 - 123.

［23］中共中央政治局常务委员会召开会议［N］.人民日报，2020 - 5 - 15.

［24］朱晔文，岳奎.以建设全国统一大市场推动高质量发展［N］.中国社会科学报，2022 - 07 - 12（8）.

［25］Bathelt H. , J. Glückler. The Relational Economy：Geographies of Knowing and Learning［M］. 2011.

［26］Boschma R. Towards an Evolutionary Perspective on Regional Resilience［J］. Papers in Innovation Studies, 2014.

［27］Depner H. , Bathelt H. Exporting the German Model：The Establishment of a New Automobile Industry Cluster in Shanghai［J］. Economic Geography, 2005, 81（1）：53 - 81.

［28］Mudambi R. Location, Control and Innovation in Knowledge-intensive Industries［J］. Journal of Economic Geography, 2008, 8（5）：699 - 725.

［29］Nyström M. , Jouffray J. B. , Norström A. V. et al. Anatomy and Resilience of the Global Production Ecosystem［J］. Nature, 2011, 575（11）：98 - 108.

［30］ Kemeny T. , Storper M. Is Specialization Good for Regional Economic Development? ［J］. LSE Research Online Documents on Economics, 2012.

［31］ Piazza M. , Mazzola E. , Abbate L. et al. Network Position and Innovation Capability in the Regional Innovation Network ［J］. European Planning Studies, 2019, 27.

［32］ Resilience Alliance. Urban Resilience Research Prospectus ［M］. Canberra, Australia: CSIRO, 2007.

［33］ Storper M. Separate Worlds? Explaining the Current Wave of Regional Economic Polarization ［J］. LSE Research Online Documents on Economics, 2018.